古塔与桥

黄岩

黄岩区文化研究工程丛书

金渭迪 编著

文匯出版社

序

　　黄岩，古为瓯越之地，地域辽阔，山川秀丽，历史悠久，文化底蕴深厚，是礼仪之乡、文物之邦。有许多古迹被列为全国、省、县（市）级文物保护单位或列为当地文物保护点。但未被发现而未入志书、流落民间的亦有很多，有的虽入志书，文物与志载亦有不符的地方。

　　本人自离岗退养后，不辞艰辛，自费收集整理了原黄岩辖区内的文物古迹史料，出版了《黄岩山》《黄岩金石志（增订本）》《黄岩历代碑拓选》《抗战英烈陈安宝》等史书，同时为第三次全国文物普查提供了不少文物古迹史料。一者补县志之不足；二者为有关单位和专家提供研究资料。今天，把收集到的古塔、古桥、津渡等史料整理成书，奉献给诸位，恳请批评指正。

　　黄岩古塔，种类较多，有佛塔、风水塔、纪念塔、墓塔。它们的建筑形式有楼阁式、仿楼阁式；建材有砖、砖木和石质；塔刹多为大小两口酱色釉缸复扣成葫芦形的。唯独庆善寺塔为独具一格的铁制相轮樘。佛塔和风水塔里珍藏着多少不等的佛经及各种文物，灵石寺塔为最多。还有抗战阵亡烈士和抗战胜利纪念塔及僧墓塔，形制较小亦比较简单。

　　黄岩东濒东海，境内大小河道密布，溪流纵横，人们在其上建了各种形式的桥梁。山区的石碇步、独木桥，平原地区的浮桥，单孔、三孔、五孔的石拱桥等。路桥地区，以其路多、桥多而闻名。许多桥梁除有各自的建筑特色和形式外，更富有诸多历史典故和传说，如县城的孝友桥、县西的林家桥、路桥的得胜桥、金清的戚继光绝倭桥、峰江的打网桥等等。

　　沧海桑田，黄岩的古塔、古桥，历经千年沧桑，有的被人们保护下来，也有的在自然和人为的作用下被毁弃。更遗憾的是永宁江上的津渡已全部毁弃。2016年11月23日上午，笔者与黄岩电视台去江口渡采访时，就亲历了这个历经百余年的津渡被推土机给毁了的一幕。

但愿在新的历史时期中，我们能加强文物保护意识，努力使这些文物古迹代代传承。

编　者
2020年春

目　录

黄岩古塔

黄岩古桥

黄岩古塔

黄岩古塔

  塔，又称"塔波"。在黄岩又称其为"星"者，如方山"双星"。塔是佛教的产物。由于佛教徒用七宝装饰其塔，故又名宝塔。梵文译作"窣堵波""塔婆"，梵文 stupa 与巴利文 inupo 的意译是"高显"或"坟"，用以藏舍利和经卷。它起源于 2500 年前的印度。佛教经典上说，塔就是保存或埋葬佛祖释迦牟尼涅槃火化后遗下的"舍利"的建筑物。所谓"舍利"，就是佛的灵骨、佛发、佛牙等。释迦牟尼涅槃后，他的弟子们把他的舍利分别埋藏在许多地方，建塔纪念。以后有名望的高僧圆寂后也建塔以作纪念。

  东汉以前，中国没有"塔"这种建筑物，更没有"塔"这个字。东汉时期（公元一世纪），塔随佛教传入中国后，那时怎么也找不到一个确切的词语去表达它，只能根据音释或意释，称其为浮屠、佛阁、窣堵波或方坟、圆坟等。直到公元三四世纪时，才创造了一个更确切表述其概念和形制的"塔"字。

  塔随佛教传入中国后，古代的建筑师融入我国的楼阁、榭台等建筑中的特点，创造了各种各样的中国式的塔。它在佛教中有着特殊的地位。最早的佛寺建筑是以塔为中轴线上的主体，而僧房散布其四周，故寺院内大都建有佛塔。随着时间的逝去，塔逐渐汉化，寺院的中轴线以殿堂为主体了，塔也被移到山门外面，为数不多的有塔的寺院，又被称为塔院。古代佛塔一般都刻有一首缘起偈（意思是诗或颂），所以这首偈被称为法身舍利偈。

  千百年来的发展演变，我国已成为世界上古塔最多、式样最丰富的国家。我国北方的塔雄伟稳重、简洁豪放；南方的塔玲珑精美、轻巧秀气。塔式尤以楼阁式居多，其特点是层与层之间距离大，塔内一般都有楼梯登高远眺。在构造上每层都有门窗、斗拱，塔平面以方形、六角形、八角形为多。层数都是单数，依一、三、五、七、九、十一、十三层。一般中型塔为七层，大型塔为十三层，故有"救人一命，胜造七级浮屠"之说。七级浮屠，梵语指的就是塔。

塔的形式有楼阁式、密檐式、亭阁式、花塔式、覆钵式、金钢宝塔座式、内部楼阁外部密檐式，还有过街塔、塔林等。从建筑材料上分有木塔、石塔、砖塔、钢铁金属塔、琉璃塔等。在各式各样的塔中，覆钵式塔为最古老的建筑形式。从意义上分，有喇嘛塔、金刚宝塔、宝箧印塔、纪念塔和墓塔。从建筑构件上，塔一般由地宫、基座（不称须弥座）、塔身与塔刹四部分组成。地宫在塔正中基座下面，可算作地下室，用以埋藏佛骨、佛经或舍利等，深达数米。基座是塔在地面上的台基部分，覆盖在地宫之上。唐以前基座比较低矮，唐以后日渐高显，可区分基台和基座。有的基座上饰以佛像，如金刚、力士、护法天王、瑞兽、八仙等浮雕。塔身是塔的主体，有空心、实心、楼阁、亭阁，也有密檐、高台、窣堵波等多种。塔刹是塔的顶部分，由刹座、刹身，即套串在刹杆的多重圆环组成，呼"相轮""宝相轮""金盘""承露盘"。刹顶，即塔刹的顶尖，在宝盖之上，由仰月和宝球组成。塔刹也有宝瓶式的。

《后汉书·陶谦传》所说："窄融大起浮图祠，上累金盘，下为重楼，又堂阁周四，可容三千许人。"所谓"上累金盘"，就是用金属做的刹（刹是梵语"刹多罗"的简称，本义是土田、印度塔上的立竿柱，也叫作"刹"），所谓"重楼"就是多层结构的高楼。这是后来中国塔的基本式样。

明清时期，各州、县为改善当地的风水，在特定的位置修建文峰塔，为的是补风水的不足（或称风水塔），以镇慑妖孽或邪气，或作为当地的标志性建筑。

中国塔的主要功能是宗教崇拜的需要，是极具中华传统文化特色和强烈民族风格的建筑物。有人说塔是华夏古老文化的象征，也有人说它是镇压邪恶的象征，还有人说它是美的象征。千百年来，塔的发展与演变，倾注着一代又一代建筑师的毕生精力和心血，他们把艺术美与大自然美巧妙地结合在一起，它凝聚着古代劳动人民的勤劳和智慧。它是神佛的化身，引得千百万虔诚的人们向它顶礼膜拜，引得史学家为它树碑立传，许许多多的诗人、文学家为它热情地吟诵、讴歌。中国千千万万的古塔是中华民族宝贵的文化遗产，值得今人、后人千秋万代地保护和珍惜。

黄岩地处浙江东部沿海，古为瓯越之地。千百年来，黄岩人民在这块古老的土地上，用他们辛勤的汗水和聪明才智，创造了黄岩的辉煌历史，至今留下了数以千计的历史文物和古迹。塔，就是其中之一。

早在三国两晋时期，印度佛教通过海上传入古章安港口，在黄岩得以广泛传播。自此，黄岩也成了江南著名的佛教胜地，所建的佛寺名列江浙之首，佛塔也随之兴起。古往今来，岁月沧桑，黄岩的佛寺逐渐告别了它昔日的辉煌时代，被后来居上的国清、灵隐寺等所取代，佛塔也随之逐渐湮没。在宋时，黄岩有"十山九平头，江水反弓流；家无三代富，清官不久留"的民谣。为了振兴黄岩，先人们在山峰上建筑风水塔，以弥补风水之不足。黄岩有佛塔、风水塔20多座，同时还有许多不知名的高僧墓塔和纪念塔。

佛塔

瑞隆感应塔

　　瑞隆感应塔在九峰寺（报春园）前、大溪北岸。于北宋太祖乾德元年（963），法眼宗高僧国师德韶建，七级八面仿楼阁式砖塔。六角形砖仿木柱，通高36米，塔刹以大小两口酱色釉缸复扣成葫芦形，下以黑色筒瓦盖为飞檐。塔身各级腰檐叠涩出檐，下安斗拱。明间设方形檐柱，转角设六角形倚柱，柱头置方木结构斗拱。每层各面券门小龛置残存石雕佛像。两壁镶有贴布烘烧模印，每块有10个佛像的千佛砖，形情端庄，神采飞扬，石砌须弥座上刻佛像和麟、狮等瑞兽。塔内顶层周围刻佛教

///// 1992 年 10 月，重修前的瑞隆感应塔

故事，内藏有铁函、贝叶经等。

　　塔于北宋大观三年（1109）重修，清同治八年（1869）孙令意又重修。1990 年八九月，遭台风袭击致塔顶层开裂倒塌。因年久失修，副阶全毁，塔体破败不堪。1992 年 10 月耗资 15.2 万元，由临海古建公司卸下塔顶二层以上严重塌损部分重修。

　　1993 年又募资 12 万元，政府拨款 2 万元，按宋时原貌修复塔体。1996 年各界捐资 7 万元，政府拨款 5 万元，按宋塔旧制重建副阶。

　　瑞隆感应塔体现了北宋时期佛塔的建筑高超的技艺水平及特点，蕴藏着丰厚的文化内涵和历史研究价值。

　　1982 年 2 月，黄岩县人民政府公布瑞隆感应塔为县级重点文物保护单位，1997 年 8 月，浙江省人民政府公布为第四批省级重点文物保护单位。

2010 年 10 月，被推荐申报第七批国家级重点文物保护单位。

2013 年 3 月 5 日，国务院批准为国家级重点文物保护单位。

2013 年发现塔身向西倾斜，2015 年 3 月 18 日塔因构件跌落，围栏阻止靠近。

2015 年 9 月 4 日开始钻探。

2016 年 12 月拆铁架。

2017 年 1 月 3 日，塔身仍向西南倾斜，仅塔顶裂缝处填补修理。

九峰瑞隆感应塔于 2015 年 3 月份搭钢管脚手架，纠偏，结果到 2016 年 12 月底钢管架拆除，经检测无碍大事，只将塔顶开裂部分修补。该塔滴水于 2017 年 1 月 5 日在塔下捡到，上饰凤凰展翅和花草图纹。左右长 20 厘米，中间长 10 厘米，前后残长 10 厘米。经仔细观察此在黄岩古塔中极为少见。

///// 平林塔影（九峰十二景之一）

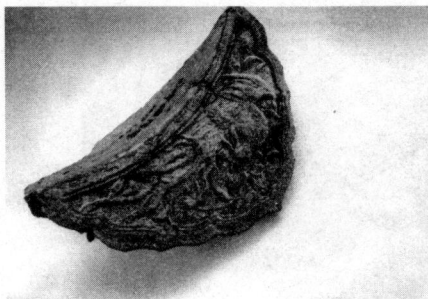

///// 瑞隆感应塔滴水

瑞隆感应塔释迦如来舍利函及银瓶款识

释迦如来舍利函，七字在腹，凡三行，首行二字，次行四字，末行一字。

弟子斜□□宗显，斜十八娘，□□□□五娘，黄臻□共舍银瓶□□□舍利。

皇甫一娘舍□□，上题名在盖，共六行。首行五字，末二字缺，当是"宗庆"二字。第二行九字，末三字缺。第三行上三字，下二字。第四行，上三字，下三字。第五行，上四字，下无。第六行七字，下二字缺。

铁函高八寸五分，口径九寸，腹宽一寸，底径八寸，文在腹。七字分三行，曰：释迦如来舍利函。盖径七寸五分，上列舍钱题名六行，共三十七字，字皆正书，阳文。乃宋大观三年（1109）修塔时所藏。同治八年（1869），孙令熹重修塔得之。又丞贮瓷盒一，盒内贮银瓶一，瓶刻"浮桥浦此保黄珍舍函，不题年月修塔事。据函内所书经文皆题大观三年（1109），则即时修塔所置也。今仍置塔内第二层。

《台州金石录》

///// 仿漆器青瓷盒

仿漆器青瓷盒，1992 年 11 月，九峰瑞隆感应塔出土。

北宋，子母口，圆筒腹，卧足。通高 16 厘米，口径 17 厘米，底径 9.6 厘米。器物内外施满釉，釉色青灰，釉层较薄。瓷盒顶呈平面状，由弦纹带组成三部分。最上部略有向外突起之感，为一圈凸弦纹。中部四周呈斜腹式。底端圆形直筒状，顶盖内侧口沿处，可清楚看出 14 颗支丁烧造痕迹。其釉层滋润光泽，皆可照人。此器经鉴定为沙埠窑产品。

瑞隆感应塔佛像，2016 年出土。佛像在瑞隆感应塔四层以上壶门内，计 10 尊，现在黄岩博物馆展厅内。上层自左至右第三尊为唐代文物，头上饰以发髻，为五代石雕佛像。其余 7 尊均为舟形背光陶佛像。

改建瑞隆感应塔为文笔峰记

清·孙憙

九峰在黄岩县东南三里，其北南东三面烟峦稠叠，溪壑幽邃，独缺其西一面。而瑞隆感应浮屠适当其缺。盖宋开宝中（968—976）僧德韶创塔院时所建也。咸丰辛酉（1861）11 月 17 日，粤贼（太平军）再至，塔院被毁而浮屠岿然独存。顾其破坏颓塌之状，亦不堪瞩目矣。同治己巳（1869）余令斯邑，即塔院旧址建为书院，而邑绅罗君德润复形家言："改浮图以当文笔之峰，卓立讲堂之右，凌云摩霄，黼黻星汉，信可补造化而分天章。"己巳七月日，匠者架木而上，撤其巅，获铁舍利函一，中贮磁盒，底盖相若，纳银瓶其中，按其款识：浮桥浦北保黄珍所施也。其函则斜宗庆、宗显等所造也。磁瓶以外有小铜镜二，其一为匠人所毁。又铜佛一，佛经数十番；有印者，有写者。其一记云：大观三年（1109）五月廿三日黄贵全并母余四娘阖家等。其一记云：勾当修塔弟子斜宗庆并妻程氏三娘，女二十娘写经一卷。又云：同修塔勾当王宗式、张愿、孙（佚名）、郑诚、林晟等，大观三年己丑岁次，六月初三日斜世聪写记。盖重修时所藏也，距开宝初一百四十年矣。墨色如新，纸质坚好，不知其为七百六十年前物也。惟书法未佳，致足恨耳。其磁盒为莲叶饰

///// 瑞隆感应塔四层以上壶门内设有石、陶佛人像

///// 瑞隆感应塔副阶

纹理，明净光气，青白烂然溢目，虽柴、哥、定诸窑当不是过。

以其塔中旧物仍与佛经、铜镜俱纳藏之，复书《大学》首章镇于其上，为多士进德修业之一助焉。八月二十六日峰顶既合，乃书端末，藏之铁函以告后之人。

同治八年（1869），岁在屠维大荒落月在极北某日。

《柔桥文钞》《九峰广志》

重修瑞隆感应塔碑记

九峰西麓宋代有瑞隆感应塔院，宣和年间寺院毁于火而塔独存。据旧志载：塔于北宋开宝年间为国师德韶所建。且修塔

中发现有建隆四年铭文砖，证宝塔始建五代建隆四年（963），
即北宋乾德元年（963），故名为"瑞隆"。

塔高 35 米，为八面七级仿楼阁式砖塔，北宋宣和三年
（1121），清同治八年（1869）曾作修缮，然已非旧制。千余年
来风摧雨蚀，致塔顶砖石脱落，腰檐腐朽损坏，砖残瓦破，千
疮百孔。尤其近年台风多次过境，带来狂风暴雨，致使塔顶开裂，
险象环生，岌岌可危。为保护历史文化遗产，遂有按北宋初建
重修之举。

1992 年 10 月开工，历时一年，耗资人民币 15 万元。其经

重修瑞隆感应塔碑记

///// 石、陶佛像

费由黄岩市人民政府拨给 3 万元，余由社会各界捐助。缮修由瑞隆感应塔维修委员会主持，浙江省考古研究所指导，临海市古建筑工程公司承修。

盛世修塔，功留千古。

黄岩市文物管理委员会

1994 年 2 月 蔡建人书

碑阴镌捐资名录

按孙熹文，北宋大观三年（1109）。

九峰寺，旧有田 99 亩，山 130 亩，为黄岩十座敕赐佛寺之一。

九峰寺，历八次兵火，七次重建。1991 年占地 1.5 亩，广大信众募

///// 1999 年 8 月公布为省级文物
保护单位碑

///// 2013 年 3 月 5 日公布为全国
重点文物保护单位碑

资 100 多万元，重建于九峰山南麓（九峰公园南大门外）。1999 年又投资 300 多万元在方山下麻栗坦今址重建。2000 年建大雄宝殿 5 间，厢房 27 间，占地 1826 平方米，建筑面积 2422 平方米。寺内原有清同治四年（1865）灵庆寺钟一口（2006 年被窃）。寺内有 1997 年铸铜钟鼎。

　　1996 年 12 月 16 日，黄岩区政府办公室批准为佛教活动场所正式登记单位。

庆善禅寺塔

　　庆善寺塔，又名大寺塔。《黄岩县志》载：在县东五十步，庆善寺左，即今城内塔苑原大寺巷县总工会内。始建于晋永和元年（345）。明嘉靖三十一年（1552），倭寇犯境，泊舟澄江，据城七日，火毁官民房舍和庆善寺，唯古塔独存。清康熙十二年（1673）（光绪《黄岩县志》载十三年）阿总戎尔泰等捐千金重建寺房，并新寺塔。至民国末，塔椽大部坍圮，塔已破

庆善禅寺塔

///// 宝相轮 ///// 1964 年重修前的庆善寺塔　　///// 1964 年重修后的庆善寺塔

败不堪，"八八"（八哥）等鸟雀搭窝其中，时有断砖朽木下落。

塔五级六面，仿楼阁式砖木结构，以上每层六面均设壶门，每层木作斗拱檐橼，戗角飞橼出檐，塔顶层面盖黑色陶筒瓦。塔刹为清康熙十三年（1674）生铁铸成，分件相叠而成。塔内中空，可缘砖阶攀达至顶。1964 年时，没有按古塔旧制进行维修，去掉腰檐，外加粉刷，内装铁杆攀援，但已失去古塔风貌。"文化大革命""破四旧"时，县总工会干部为塔免遭毁灭，在塔顶装上避雷针，顶层架设毛主席像，并以铁栏护卫，下层以水泥钢架，周书毛主席语录，才使古塔得以保存。2004 年，"恢复原状"进行大修。

1982 年 2 月 3 日，列为县级重点文物保护单位。

2001 年 2 月至 2001 年 6 月，由杭州匀碧古建公司重修，恢复腰檐，造价 26.4 万人民币，其中 1.3 万元为该公司赞助。

塔总高 28.22 米，其中第一层高 2.617 米，0.773 米，1.265 米，计高 4.655

///// 沟檐、滴水

米。第二层高 2.047 米,1.253 米,1.715 米,计高 5.015 米。第三层高 1.965
米,0.960 米,1.925 米,计高 4.850 米。第四层高 2.077 米,1.213 米,1.485
米, 计高 4.775 米。第五层高 1.955 米, 0.960 米, 1.510 米, 计高 4.425
米。塔身合计高 23.720 米, 塔刹高 4.5 米。塔檐角各系铜风铃一只。各
层塔壁、塔檐相距:一层每石塔壁距 2.39 米, 檐距 4.34 米。二层塔壁距
2.54 米, 檐距 4.187 米。三层塔壁距 2.43 米, 檐距 4.087 米。四层壁距 2.39
米, 檐距 4.037 米。五层壁距 2.044 米, 檐距 3.690 米。塔顶层直径 3.9 米,
底层直径 5.2 米。重修后塔黄色、檐红色、黑瓦黄铜铃。20 世纪 60 年代
所装避雷针被拆除, 塔刹"相轮樘"生铁铸成, 由铁葫芦、宝相轮、底座
三部分相叠而成。挂檐共五层, 高踞中空轴顶, 尖顶有触角四丈、葫芦底
四方有细铁链斜下拉塔顶层翘檐角, 以稳定相轮重心。相轮中段四圈, 上
下水平垂直, 每圈以两根铁条联结中空铁轴, 取下构件是中心轴所植的底
座, 是以大小六层铁盘组叠而成。相轮构件一盘盘分开冶铸, 顶底以雌雄
榫规格叠套成整体, 铭阳文于底座同复碗的第一层, 自北起环绕一周直书
43 行, 每行字数多少不等, 底座末层四正四隅, 每方铭八卦, 铭文如下:

龙飞康熙十三年 (1674)

岁次甲寅

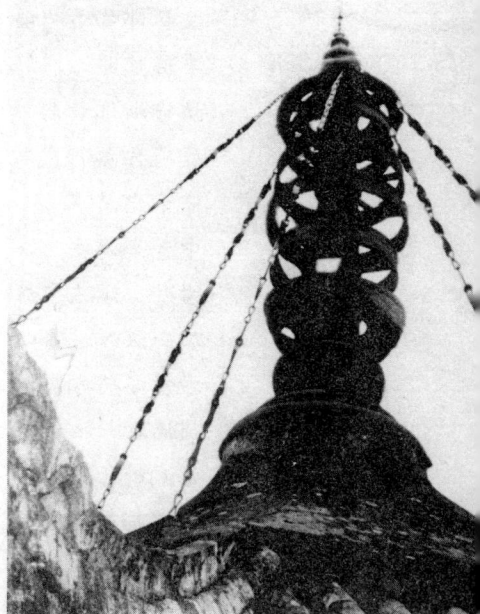

孟夏吉旦

镇守浙宁台等

处地方驻扎黄岩

总兵官都督佥事

阿尔泰偕妻

诰封夫人吴氏（注：夫下应有

人，可能漏刻）

同男刘绍烈

　　刘绍熊

　　刘绍照

　　刘绍尧

　　刘绍焘

捐俸重建

文林郎知黄岩县事

丰城熊兆

协守浙江黄岩

处地方参将武

守方忠总

中营事游击

右营　游击

加一级

右营参将顾□□

捐俸助

县武进士镇标

随征都司

督理工□

黄岩镇随征都司

都司　许

　　贺文

黄岩县署教佥事举人

三衢　徐光照

捐俸助

庆善寺比丘寂门

　　徒照定

　　普智普成

　　　　募修

　　　　修塔匠萧□□

　　　　薛启正

　　　　董文龙

　　　　蔡□文

吴光

杭　易仲□铸造

相轮樘之下塔顶檐尚留的圆瓦当之纹饰，是以线条浮盘图案画狮头，大同小异三种，或三窟户特制、三角滴溜，中间饰⊕纹，周边云纹饰。塔顶层六方檐下还残存梓木制成横桁嵌在上下砖缝内，表面可见红色漆膜无虫蛀迹。

注：宝相轮亦称相轮樘，做相轮塔者俗称也。樘者柱也，不作塔。仅形容塔上之九轮而之幢柱也。梵名计都，译曰幢。

塔苑商城、牌坊等，自2000年4月至2000年11月，兴建历时8个月，由杭州市园林设计院设计，临海古建公司承修，造价890万元，建筑面积6359平方米。

庆善寺塔（大寺塔）
宋·王十朋

刚被篙工误，迟留一日装。

川途隔浩渺，灯下乱昏黄。

呼仆回行李，寻僧宿上方。

山前十里雪，夜入梦魂香。

登大寺塔
清·王咏霓

古塔势突兀，形胜江山留。

登陟极元览，孤高穷冥搜。

仰窥接星斗，俯视凌沧洲。

斧凿出神鬼，梯道蟠蛟虬。

方山紫阜峰，峥嵘度林邱。

澄江一勺水，日夕东西流。

城烟青濛濛，焉能辨岑楼。

疏钟澈上界，嘡嗒听者愁。

回首叫天阙，宫殿无人修。

白日急已匮，邓公复何求。

玉山八骏远，潇湘斑竹秋。

凄其今古情，千载空悠悠。

余欲散发去，物外资优游。

大寺巷古塔新修

方通良

宝塔新修高入云，千年古迹焕然新。

永和文物归民有，不属官家不属僧。

（一）大寺巷庆善寺古塔，建于晋永和年间，距今约 1600 年，迭经修理，均由政府和僧家主持，今则归人民主持修理，塔貌焕然一新。1958 年春夏间修理完成。

大寺巷庆善寺塔史记

管先进

庆善寺始建于晋永和乙巳（345），距今 1600 余年，中间毁建无考。殿貌雄伟冠全县，故俗称"大寺"，塔因寺为名，路也以寺为名曰大寺巷。据《光绪县志》载："明嘉靖寺毁于倭，唯五级六面古塔独存，岁久也圮。"清康熙十二年（1673）阿总戎尔泰重建砖塔及相轮；总高 28.22 米（其中相轮高 4.5 米，砖塔高 23.72 米。塔顶层高 3.9 米，底层高 5.2 米。20 世纪 50 年代，寺宇已成危房，翻建为总工会大楼。距今 327 年的庆善塔虽历风侵雨激，檐烂角朽，表面凹凸不平，仍卓然故址。

2001 年 2 月庆善寺塔维修，由杭州匀碧古建公司承修，竣于当年 6 月，耗资 26.4 万元，庄严宝相，映日重辉。金渭耆、王观岳、管先进萌考察塔顶雅兴，借脚手架之援，幸见塔顶之"铁相轮橖"（即是塔顶的圆瓦瑞三角滴溜），及塔身尺度概况，参见金君渭耆摄照片和下文所记。

一、相轮橖，也是塔上最高构件，由铁葫芦、相轮、底座三部分组成。顶端的铁葫芦数到葫芦底的掛檐共 5 层，高踞中空轴顶，尖顶触角四支（可能是避雷针，修理后拆除）。葫芦底四个方向有细铁鍊斜下拉砖塔顶层翘檐角，以稳定相轮重心。中段，相轮四圈，上下水平垂直，每圈以二根铁条连接中空铁轴。最下构件是中心轴所植的底座，是以大小六层铁盘组叠成。相轮橖总高 4.5 米，上中下各部分每盘的直径因劲风晃荡，衰翁力弱，无能实测。外观大小数盘的铁制相轮，不是整体铸成，而是一盘一盘分开冶铸，榫件的顶底以雌雄榫规格，叠套成整体，屹立塔顶。铭阳文于底座形同覆碗的第一层，自北方起始环绕一周直书四三行，每行字数多少不等。底座的末层四正四隅，每方是八卦：正北是"☰"。依次序录明文如下：龙飞康熙十二年（1673）岁次甲寅孟夏吉旦镇守浙宁台等处地方骆劄黄岩总兵官都督佥事阿尔泰偕妻诰封夫人吴氏，以及文林郎知黄岩县事丰城熊兆筆捐俸重建。

二、相轮橖之下，塔的顶檐尚留的圆瓦当之纹饰，是以线条浮盘图案画狮头，大同小昇三种，或三个户特制。三角滴溜，中间及周边云纹饰。

三、塔顶层六方檐下还残存梓木制成横额嵌在上下砖缝内，表面可见红色漆膜。（注）相轮橖，佛学大辞典释：堂塔作相轮塔者俗称也。橖者，幢也，不作塔，仅形容塔上之九轮而立幢柱也。梵名计都。译曰幢相，幢与相同义故也。

灵石寺塔

　　灵石寺塔，在县西20公里的北洋镇联群灵石山麓灵石寺大殿前（今灵石中学院内）。原有东西两塔，立于大殿前。东塔毁于清初；西塔七级六面，残高21.1米，层高3米，边长2.42米，仿楼阁式砖木结构。塔身逐层收分，每层每面有倚柱，柱头卷刹，槏柱。明间设壶门式壁龛，内供佛像，龛旁有方形断面的槏柱将各面分成三间，转角处置六角形倚

灵石寺塔

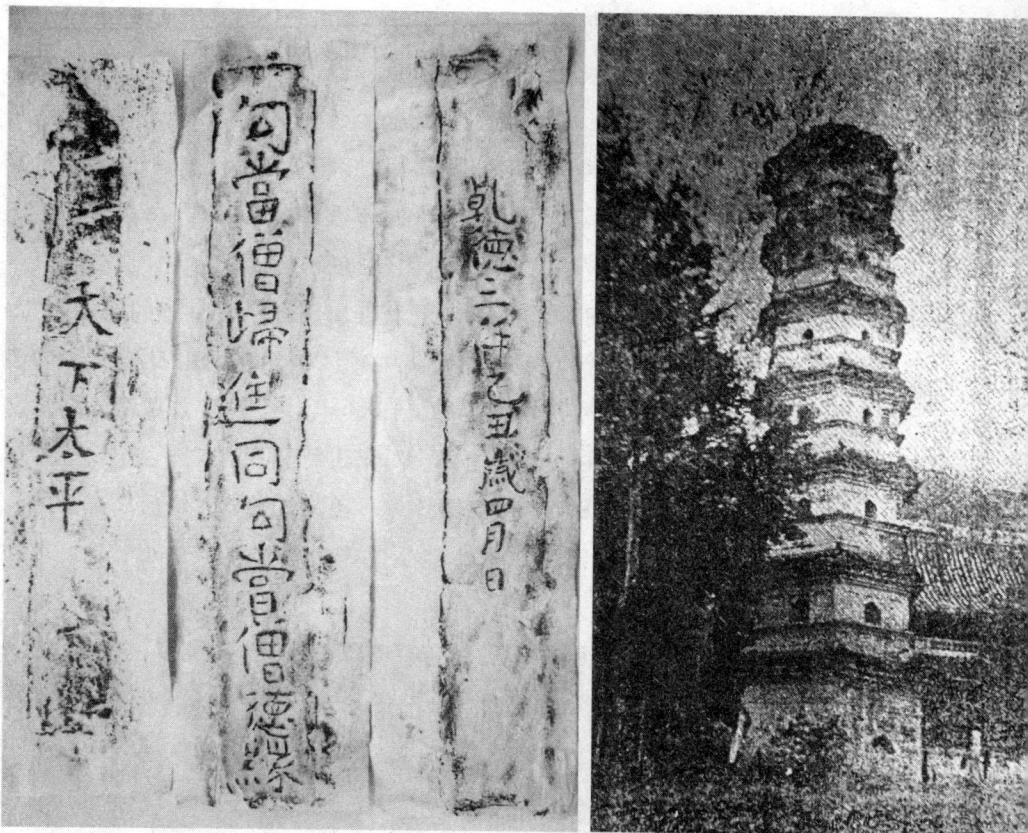

///// 1987年未修前的灵石寺塔

柱，柱头卷刹，上以阑额作为联构件，各层均用砖叠涩腰檐，层层挑出，腰檐之上再用砖叠出平座。第三层起阑额上施补间栌斗，塔顶叠收，内部结构奇特。塔体从底层至顶层设置供养佛像和供养品的天宫16个，每层天宫之间以3～5砖为隔层，甚至一层中做1～4宫，宫宫有物，塔心呈空竹节筒状。塔基础厚达2.95米，均为黄泥、乱石和瓦砾拌羼夯筑。1963年列为省级重点文物保护单位。

据塔底层纪年砖中记，塔始建于北宋乾德三年（965）。历史上，此塔曾两次大修。第一次在宋英宗治平四年（1067）。寺僧恩照等重新修建东西二塔。第二次在清康熙二十年（1681），塔身第四层佛龛中一胶泥抹砖碑记："康熙壬寅元年（1662）寅月进山，主理大殿，天王殿、厨库、僧堂，并塑□□罗汉及修宝塔两幢，鼎铸巨钟，赎置山林土地一千五百亩。"塔砖印文为康熙二十年。碑记作于二十四年（1685）。修寺，双塔前后历经25年。此次大修，塔失去了北宋时的建筑风格。

自第二次大修至1987年11月，灵石寺塔历经了百余年的风霜雨雪，电鸣雷轰，塔体严重倾斜，塔顶端偏离中轴线一米多，塔身折线形向西倾斜，并严重残损，随时有倾倒之危。1987年，经国家文物局批准，文化部、省文物局拨款，由临海古建公司对塔进行复原砌筑。

1987年11月至1988年7月对塔体进行落架大修。大修后塔高23米。从塔内文物和铭文砖考证，双塔始建于北宋乾德二年（964）到宋真宗

////// 灵石寺塔部分铭文塔砖

///// 灵石寺塔佛龛剖面

咸平二年（999）始建成，历时 35 年。塔中有咸平元年（998）纪年砖，制砖人李鸟，还在砖上刻有董招、陈昌等窑工姓名和刻有"戊戌年九月廿二日造砖，其年雨水不通"，以及"国师德韶□□塔"铭文残砖和"长愿吴越国钱万岁万万岁""乾德二年""康熙二十年"等文字的纪年砖，以及"上大人孔乙己……"等蒙学描红刻砖。有卷草、卷云、如意、莲蓬、蝶恋花、荷藕、缠枝花、山水"潮济浦"等砖刻。有木板的"舍利原是咸平二年入"和"宋咸平元年十月二十三日书记相轮"墨书。还有刻着"台州黄岩县备礼乡下夳保清信弟子许仁德并应二十一娘，男从政，从渥一门券属同舍净财造此塔相轮"文字下有"锻炼工整，陶熔力大、灼炼炉锤。动摇肩鞴宝合成速，相轮冯快。内秘莲龛，表光法界……"等词。

落架大修时，发现塔体的第三、四层间，有一座镌有"太平兴国开宝"纪年的方块石结构的塔里塔。在 22 个宫中出土的文物有贝叶经、舍利子及铜铁浇铸、五彩泥塑、琉璃、砖、石刻等质地的佛像，菩萨像和供养人像，彩色千佛砖、经卷、饰绣、药材、金银盒、铜镜、瓷器、铜钱、木牌、铁塔、铁箱等，计20大类，50余种，4000多件。其中各种质地的佛像、菩萨像和供养人像148尊。释迦牟尼、阿弥陀佛、迦叶、阿难、观音、辟支佛等坐立像，舟形背光座。阿弥陀佛高70厘米，莲花径38厘米，头做螺发，有肉髻，身披红、橙、绿、蓝袈裟，脸部和手指贴金，脸面圆润丰满，体态匀称，庄严慈祥，栩栩如生。有《佛说十三生匕经》五卷，每卷变文33篇，2200字。变相十幅，十殿阎王和白描六道轮回图画，均长603厘米，宽31厘米。金盒内装舍利子350粒，盖刻供养人姓名，祈祷词，黄金重量，彩色千佛砖126方，历史戏剧人物，花鸟图案标本砖120块。五面铜镜上刻释迦牟尼和东西南北四大天王像。还有青瓷熏炉、青瓷碗、粉盒及秦半两、汉五铢、货泉、六朝太货六铢、唐开元通宝、汉元通宝、天汉元宝、咸康元宝、乾元通宝、北宋治平通宝等钱币30多种3000多枚。顶层天宫已成蚁穴、宫内收藏佛像头破肢残难以收拾。其中陶制佛像居多，亦有泥塑、石雕、铁铸像。石雕像残留头像，铁铸像断臂。千佛砖类似九峰瑞隆感应塔中的千佛砖。青瓷残破粉盒一只，似沙埠青瓷窑所制。

///// 石塔构件

1963年此塔列为省级重点文物保护单位。1997年8月，降为县级重点文物保护单位。

灵石寺，始建于东晋隆安二年（398）坐北朝南。南宋绍兴间赐名"教忠崇报寺"。旧传有僧俑《仁王经》而甘露降，遂名"露山"。后因孙恩屯兵其处伐木造船，兴办水师，忽有飞石自天而降，兵退，遂改名"灵石"，有隋智颛翻经台、唐李义山（商隐）读书堂、宋黄甘坞、白莲池、水芝轩、灵泉馆、挽衣寮、润畦亭、剧青堂、薜荔阶、明珠庵诸胜。今旧时遗迹不可复寻，唯有白莲池老樟丫枝卧池上仍在，此是古人读书、荡舟遗迹。旧传，自西北飘坠于此之飞石，在寺后有两块尚在。寺前上镌"灵石"二字之巨石，在20世纪50年代被村民筑抽水机房基毁。寺有一钟颇巨。云自海门浮至，上镌"西渡钟"三字，在20世纪50年代"大炼钢铁"时被毁。

绍兴初，谢参政克家，子太常寺少卿谢伋，为避秦桧，在此隐居，名所居为"药园"（后迁三童岙，种药为生），寺乞为香灯院，有朱熹"谢公种药地，窈窕青山阿"题园诗句。又传，昔有异人塑殿中佛像，期以十旬启门，僧怪之，未及期而启，忽有双鹤飞出，视所塑二像珠髻莹然，故殿旧名"耀珠殿"。殿五间开面，占地面积378.5平方米，通面宽21.5米。进深17.6米，明间宽5.9米。六柱十二檩。抬梁式石柱结构。重檐歇山顶，屋脊有灰雕图案中间饰"风调雨顺"，黑色筒瓦屋面。明嘉靖中义士王堂（石斋）在此建堂，名"灵石书院"，明末废为寺。清康熙年间，僧超伟重修，乾隆、道光年间又重修。同治九年（1870），县令孙憙出于存李、谢先贤遗迹、遂邑西百里之士求学之愿，趁寺僧乖忘违法、废寺建院前筑讲堂、后修奎阁，东西两厢楼房各五间，靠东厢有先贤祠三间，接先贤祠复有东庑，从其始名"灵石书院"，并立碑以记，孙憙篆额并书。民国元年（1912）改为灵石高小，不久停办。民国三十八年（1949），县立中学（黄岩中学）曾迁于此。1947年8月为私立灵石中学。1956年改为公立。大殿因年久失修。椽桁霉烂，屋面大部坍塌，殿内地砖碎裂。地面凹陷，破败不堪。2000年11月至2001年8月耗资27万元进行重修。1992年2月公布为县级重点文物保护单位。

明邑令表应祺诗

侵寒过灵石，山色远苕峣。
宝砌悬双塔，丹楹起六朝。
竹深飞积雪，树老带寒潮。
聊悟无生理，乾坤寄一瓢。

（《万历·黄岩县志》）

灵石寺诗

宋·释惠洪

道人去我久，书问且不数，闻余窜南荒，惊悸日枯削。
安知跨大海，往返如入廓，譬如人弄潮，复却甚自若。
旁多聚观者，宿头胆为落，僻居少过从，闲庭坠归雀。
手倦失轻纨，扣门谁剥啄，开关忽见之，但觉瘦矍铄。
立谈慰良苦，兀坐叙契阔，谁持稻田衣，包此剪翎鹤。
远来殊可念，此意重山岳，悃幅见无华，语论出棱角。
为余三日留，颇觉解寂寞，忽然欲归去，破诫不容捉。
想见历千峰，细路如遗索，相寻同自佳，乞诗亦不恶。
而余病多语，方以默为药，寄声灵石山，诗当替余作，便觉鸣□□。

寻智颙翻经台

明·吴执御

相携息喘猛登临，天际云根一振襟。
西北群山虚突兀，东南大海竞浮沉。
蹲篁文虎惊僧过，齿雪苍龙定客心。
俯仰寒空凭啸傲，一弯淡月到松阴。

游灵石寺

明·周志伟

野迥休真腥，冲泥亦自行。
云移山欲动，风入谷齐鸣。
草满平池深，花含宿两明。
簿书吾已倦，翻爱野祥清。

游灵石山

明·高材

东风吹倦客，客倦且山行。
雨过花争发，风柔鸟自鸣。
岩牙迎盖出，岚翠湿衣明。
古寺僧留憩，萧然一榻清。

高材，字充甫，江苏无锡人。嘉靖十二年（1533）举人，授黄岩知县，有政声。

甘露寺

从来六月号寒天，惟甘露寺大不然；
当昼无用纨扇引，临风便要薄衣穿。

灵石寺

清·管名乔

欲问飞来石，残钟出远抹。
空山甘露下，萧寺白云沉。
花好似禅趣，茶清洗客心。
玉溪不可作，望古一长吟。

赠灵石尖立庵和尚

清·符之合

万仞灵峰独有君，觉人清磬下方闻。
潭云听讲冲波静，野狄皈依捧杖勤。
夜寂天空松啸月，雨余风动橹穿云。
凭栏俯眺千山外，环海苍茫散夕曛。

扫松灵石晚步怆然有怀

老树谁所栽，　　及兹上交盖。
峥嵘仰巨樟，　　秀发怜稚桧。
悠然揽心思，　　嘅我百年外。
我怀引以长，　　天色惨欲晦。
投床闻夕钟，　　拥衾不成醉。

选自《三台诗录》

灵石寺宋代古塔

明代袁应祺咏《灵石寺塔》诗云："宝砌悬双塔，丹楹起六朝。"是指黄岩县西灵石山下晋代古寺和宋代古塔。灵石双塔中东塔早圮。一千多年的风雨侵蚀，西塔塔身也已成折线形向西倾斜。塔顶偏离中心轴线一米多，随时有倾斜之危，1987年省文物局拨款，决定落架大修灵石寺塔。

省、县都临现场察看，提出维修中各项安全措施，出土的印文，刻字塔砖与文物，基本上搞清是塔建造的历史。

原来《旧志》塔建年代未载，根据塔砖印文，是为北宋乾德三年，但从乾德三年的诗刻砖文中"造塔兴工计二年"，应为乾德二年（962）。另有砖刻："时刺史裴迎。"查阅宋《嘉定赤城志》，裴迎任台州刺史也为乾德二年。

塔前后造了卅多年才完工，塔身中不仅有"太平兴国，开宝纪年"的石塔，还有宋真宗咸平元年的塔砖、木版和其他文物，并记此年"造此塔相轮"即塔顶铸件，还可看到天台山寿昌寺，临海涌泉寺捐款的塔砖。

塔身内部纯用黄泥粘砖堆砌，时长日久，黄泥几成粉状，自宋迄清，有二次大修工程，第一次是宋英宗治平四年（1067）"伏睹本寺宝塔建三年余"，而"重新修"。第二次是清康熙廿年，"浮屠尽经风雨颓零，钟鼓声沉"。于是在康熙元年，"重修大殿、天王殿"，修塔时已是康熙二十年了，塔身中有不少这年印文砖。残砖中还有"国师德韶……塔"几行刻字。

德韶建道场十二座，比这塔早二年的"九峰塔"亦德韶建，故灵石寺塔也可能是他主持兴建。

造砖窑工有名"李鸟"者，在砖上刻了许多字，其中有"戊戌年，其年雨水不通"之句。刻砖中并有"长颐吴越国王钱万岁"，疑为乾德三年钱氏宗室钱昱为台州刺史时所刻，还出现"济铺"二字，是我县历史上一个重大发现。宋以后府县《志》。黄岩驿铺布县城南北。如北有戊铺（黄土岭脚），南有十里铺、柏山铺等，是通向台州、温州的铺驿。现在县西卅里有个潮济铺，它从何处来？又通向何处？将为我县研究北宋以前县址提供一条新线索。

《台州文物》1988.6

灵石寺塔出土文物

1987 年 11 月，灵石寺塔落架大修时，从塔里出土的文物。

石雕佛像

菩萨装，通高 41 厘米，须弥座高 9.5 厘米。头戴方冠，面部圆润丰满，颈挂璎珞项圈，身穿宽领长袖衫，两腕戴镯，小腹间饰二根绶带曳脚，右手护胸，左手抱腹，跣足立于重瓣仰莲台上，阴面赭画八卦图。

青瓷熏炉

通高 19.5 厘米、底径 12.6 厘米。盖圆弧呈半球体状，下腹内收，圈足。盖面系镂空形，由三瓣卷叶缠枝花为主纹、周作二道环带、内环作六组、外环作七组每组三叶四孔自成单位共十七组连环构成。叶瓣均为篦状式纤细划纹。整个器形造型奇特别致，装饰构图严谨。内外施满釉，釉色青绿，釉层滋润光泽如凝脂。炉内壁墨书二周，上周："当寺僧绍光舍入塔买舍咸平元年戊戌十一月廿四日。"下周："童行奉询弟子姜彦从同舍利永充供养。"

青瓷粉盒

高 4 厘米、口径 7.6 厘米、底径 7.5 厘米。子母口，盖圆弧，腹微鼓，平底，盖部刻画游鱼，内外施满釉，釉色青中泛黄，光亮。

影青瓷碟

高 2 厘米、口径 9.9 厘米、底径 2.8 厘米。菱口瓜棱、口唇外卷。腹微鼓，凹底，外底不施釉，釉色青白，透明光泽，有冰裂纹，碟内贮放乳香。

影青瓷盒

高 10 厘米、外口径 8 厘米、内口径 6 厘米、底径 5 厘米。器形呈莲蓬状，子母口，外形作二节四格八棱瓜状，芒口平底。盖部饰团形式缠枝印花。釉色青白，滋润光泽，盖内墨书：九思舍。

///// 彩绘千佛砖

彩绘千佛砖

　　佛像坐序分上下两排，每排五尊，均横制。佛像上方及两侧边缘均饰幡垂飘，佛像之间饰菩提树相间。佛像皆设背光座，头光，火焰闪烁四射。每砖十尊佛像，头皆有肉髻，二、四为紫红彩，三为金彩，一、五为红彩。佛像均穿宽领褶衣曳臀，两手置于膝盖上作禅定印，结跏趺坐莲台上。

铁函

　　平面呈正方形，每边长25.5厘米。立面长方形，通高32厘米。子母口，盖顶铸铭文："潘仁育陈从绍应福陈景崇弟子潘仁实。"此函贮盛青瓷熏炉、粉盒、影青化妆盒、金银铜三盒、玻璃器、钱币及舍利子等。

铁券

　　正方形，边长9厘米。边沿作弦纹，正面铸文："吴越国王敬造宝塔八万四千所永充供养时乙丑（965）岁记。"

金涂塔（共二式）

　　Ⅰ式：须弥座、塔体、塔刹残缺。须弥座内空，呈阶梯式正方形，座高8.5

///// 戏曲人物砖

厘米。座壁间铸佛像、菩提树、莲花和璎珞纹等。上平面刻铭文："陈八娘为亡姑林十娘子女弟子造塔一所永充供养乾德三年（965）二月十八日记。"

Ⅱ式：须弥座、塔刹残缺。塔身高17.5厘米，平面呈正方形，边长9.5厘米。内空，束腰，塔体四边铸出佛像，飞天，菩提树和四拱券门，门楣饰璎珞纹。

戏曲人物砖

边长各30.5厘米、呈正方形，砖面线刻双人像，前立者戴四脚幞头、后立者长脚幞头，做滑稽状。线刻戏曲人物砖为研究我国戏曲的起源提供了实物依据。

泥塑彩绘阿弥陀佛坐像

通高67厘米，莲座高13厘米，座直径37厘米。泥塑，外施化妆土。脸部和手指贴金，现多已脱落。螺发，有肉髻，披袈裟，袈裟用红橙绿等多色彩绘。脸型圆润丰满，白晢而带红晕，额有白毫。作上品上生印，结跏趺坐于莲台上，体态匀称，眉目传神、慈祥庄重。

///// 陶塑辟支佛像

泥塑彩绘迦叶立像

通高 70 厘米，莲座高 8 厘米，座直径 20 厘米。泥塑，外施化妆土。光头，五官秀雅且丰满，略有皱纹，眉弯略隆，颚两侧有鬓须，两眼微合含笑，神态温和虔诚，双手合掌于胸前作外缚印，跣足立于仰莲台上，下身饰描金彩绘短裙，右肩披彩绘袈裟，左肩裸露，塑像富有动感。

泥塑彩绘阿难立像

通高 69 厘米，莲座高 8 厘米，座直径 20 厘米。泥塑，外施化妆土相貌较年轻，光头，面容姣秀丰满，肌肤洁白而带红晕。双目平视远方。两手于胸前做合掌印，跣足立于仰莲台上。上身披轻薄袈裟，显得肩宽胸突，肌肉匀称，下身穿描金彩绘短裙，仪表虔诚，神态肃然。

陶塑辟支佛像

通高 27 厘米。泥塑成形，经高温燃成陶质地，外施化妆土。头饰肉髻，螺式发髻，内穿高领褶衣曳臀，外披袈裟，两手于膝上作禅定印，结跏趺坐莲台上。

金盒

呈琮式，子母口，盖和底部圆弧，素面。高 4.5 厘米，口径 4.9 厘米。盖印刻铭文："许仁德并妻应二十一娘男从政等舍金盒半两。"

///// 彩绘千佛砖

银盒

子母口，高4.5厘米，口径7.4厘米。盖顶饰一莲蓬，周饰莲花，下腹内收，平底。盖周缘刻铭文："许仁德为父母舍清财造置舍利一枚重半两永充供养丙寅八月日。"盒内贮放乳香（药材）若干块。

铜盒

高9厘米，口径10.6厘米。子母口，盖圆弧呈半球状，盖顶作一小圆钮，钮周饰莲花纹，沿作弦纹二道，下腹内收，平底。盖内墨书："丙寅岁当寺主经律大德嗣卿造闰八月十二日记。"盒内壁赤书："乾德四年闰八月十一日下行寺主经律大德嗣卿造。"内贮放绿色玻璃球1枚和"开元通宝"钱17枚。

彩绘千佛砖

佛像坐序分上下两排，每排多尊，均横制。佛像上方及两侧边缘均饰幡垂飘。佛像之间饰菩提树相间。佛像皆设背光座，头光，火焰闪烁四射。每砖十尊佛像，头皆有肉髻，二、四为紫红彩，三为金彩，一、五为红彩。佛像均穿宽领褶衣曳臀，两手置于膝盖上做禅定状，结跏趺坐莲台上。该砖系国家一级文物。

浙江黄岩灵石寺塔文物清理报告

台州地区文管会　黄岩市博物馆

一、前言

灵石寺塔位于浙江黄岩市城西 20 公里处头陀区潮济乡灵石山南麓。灵石寺始建于东晋隆安二年 (403)。灵石寺塔始建于北宋乾德三年 (965)，原有两塔立于大雄宝殿前东西两侧，东塔清初已毁。西塔于 1963 年公布为省级文保单位，塔残高 21.1 米、层高 3 米、边长 2.42 米。六面七级，砖结构，使用木筋。每层每面有倚柱、槏柱、柱头卷刹。明间设壶门式壁龛，菱角牙子叠涩出檐。塔体从底层至顶层，层层设置藏佛像和供养品的天宫计 16 个。塔里有石塔一座。每层"天宫"之间以 3～5 砖为隔层，因此塔心实际上呈空竹节筒状。塔基厚达 2.95 米，均为黄泥和乱石瓦砾拌羼夯筑。因年久失修，塔体严重残损倾斜，于 1987 年 11 月大修，在大修过程中，进行了文物清理工作。

二、遗迹

根据大修和文物清理的先后次序，从顶层起逐层往下介绍：

塔刹已毁。第七层天宫，呈正方形，0.36×0.36 米，深 1.5 米。宫顶用 0.46×0.4 米石板封盖，宫口用跳砖砌筑。此宫在清康熙二十年冬大修时扰乱，宫内杂乱放置残损的石雕、陶制和泥塑佛像。

第六层天宫，近正方形，0.46×0.4 米。宫顶方井圈状石板封盖，宫内藏石雕、陶制、泥塑、木雕佛像。贝叶经惜均霉烂或被白蚁蛀毁，只存痕迹。

第五层，设上下两层天宫：

上层天宫，宫口左侧用六方砖匣砌筑，呈正方形，0.6×0.6 米。

宫内藏残破泥塑彩绘佛像和钱币等。

下层天宫，长方形，0.6×0.4米。宫内藏泥塑彩绘、陶制、瓷塑佛像和木雕莲座、玻璃珠、铜镜、钱币等。

第四层，设南北平行排列两座天宫：

南部天宫，呈正方形，0.6×0.6米，深1米。内藏泥塑彩绘坐像一尊，立像两尊，都较完整，其余尚有佛像碎片和开元通宝铜钱十枚。

北部天宫，呈长方形，0.6×0.4米。宫内藏铜质金涂塔须弥座和铁质金涂塔各一件，《佛说预修十王生七经》5卷，记事木牌16块，大小铜镜14枚，铁券1块，大铁函1只。函内藏有：青瓷熏炉、青瓷粉盒、影青化妆盒、影青碟、铜盒、银盒、金盒各一件（三盒套置）、丝织品9件、纸质品6件、玻璃珠2件、药材（乳香）若干包、舍利子350粒和秦汉—北宋历代钱币3000余件。

第四层至第三层间，筑塔里石塔一座，由六块正方形块石叠砌，每层方石四面均雕刻佛像并镌铭文，总高1.6米。底部作石刻须弥座。须弥座下由36块彩色千佛砖竖立顶托整座石塔。

第三层设上中下三个天宫：

上层天宫，呈圆形，直径0.7米，深0.3米。内藏彩色千佛砖24块。

中层天宫，呈圆形，直径0.6米。内藏泥塑彩绘佛像（全残破）和3尊石刻佛像。

下层天宫，圆形，直径0.7米，深0.3米。内藏陶佛像3尊，彩色千佛砖32块。

第二层设上中下三层天宫：

上层天宫，呈圆形，直径0.24米，深0.36米。天宫口平面六壶门透顶。内藏彩绘陶佛像35尊。

中层天宫，呈圆形，直径 0.6 米，深 0.3 米。内藏彩绘陶佛像 24 尊。

下层天宫，呈圆形，直径 0.68 米，深 0.45 米。内藏石雕佛像和陶塑佛像 30 尊。此外，在二层平台的东西、西南、西北角壸门壁龛内有明隆庆丁卯年刻本《金刚经》和《佛说观无量寿佛经疏妙宗抄序》等经书若干本，为清康熙二十年大修时放入，惜这批经书绝大部分因虫蛀而破烂不堪。

第一层，设四层天宫：

上层天宫，呈六角形，直径 0.62 米，深 0.35 米。宫顶用圆形石板封盖，盖高 0.13 米，直径 0.27 米。内藏彩绘陶像 24 尊。

中层天宫，呈六角形，直径 0.62 米，深 0.35 米。阶级式石盖封口，盖呈正方形，0.66×0.66 米，高 0.12 米。宫内藏彩绘陶佛像 21 尊及钱币等。

中下层天宫，呈圆形，直径 0.56 米，深 0.35 米。宫内藏彩绘陶佛像 33 尊；其余全是香灰，在灰烬中发现残存彩绘佛像、莲花的丝织品和纸屑残片。

下层天宫，呈圆形，直径 0.6 米，深 0.65 米。宫顶用圆形阶梯式石盖封口，盖高 0.24 米，直径 0.6 米。宫内除 28 尊彩绘陶佛像外，其他皆被白蚁蚀成一堆白蚁窝。

底层，在地平面处发现一块石制圆形重瓣覆莲座，高 0.27 米，直径 0.72 米，内径 0.34 米，孔径 0.07 米。莲座中心穿孔，孔内装有紫褐或赭红色粉状物；当初认为是地宫盖，实际上该塔不设地宫，石莲座是此塔的起点石。往下深 2.95 米为基础，砖纵横交错铺作。砖基础以下，全是黄泥和乱石碎瓦砾等羼和夯实的塔基。这些乱石都曾经过精细加工雕琢，有莲蓬形、葫芦形塔刹各 6 个，宝珠、覆钵相轮等部件。我们认为这些石刻零件原是他处塔或幢一类的部件，因倒塌后移作修塔的材料。经粗略整理，复原两幢：一座莲花幢，高2.3米，方座0.65×0.65米。由18块莲花石迭砌七级，幢体呈柱形，每层重瓣覆莲出檐，顶层四角起翘，莲蓬顶。另一座为圆盘幢，高2米，方座0.55×0.55米。宝塔形，由19块圆盘石迭砌成七级，除幢座为覆莲外，均为圆盘出檐，葫芦顶。从复原后的幢形和石件雕刻工艺特征看，为唐代风格。

塔中筑石塔一座，石塔由六方块石迭筑，其形制、雕刻工艺及铭刻如下：

第一层石塔呈正方形，0.31×0.32米。东西素面，南面凿龛雕佛，佛像高0.16米。顶饰肉髻，身着交领褂衣，作禅定印，结跏趺坐于莲台上。北面刻铭文："弟子顾承达并妻奉亡化丈人申属九郎造石塔一所，永充供养开宝七年四月日记勾当寺主经律大德嗣卿。"

第二层石塔近正方形，0.27×0.23米。东面刻铭文："寺主经律大德嗣卿谨募寺众造石塔一所具录如后长念法花经僧玄靖为先师知殿光宁大德嗣澄为先师副寺主崇明大德□明为先兄大德僧知宜兴善大德□成为亡考亡妣僧位昌长讲法化经文大德湘为先师僧知□为先师僧德缘为先师僧兴修为亡妣郭七娘僧义□为先师僧崇吉为在堂父母都维敬僧道从僧玄明刀五十文僧志豊五十文右件僧龙务舍一百文永充供养庚午三月日寺主嗣卿记"。南西北三面凿龛造像。佛像高16厘米。头饰高肉髻，着宽领衣交襟长衫，袒胸，两手置于小腹前作弥陀手印，结跏趺坐于莲台上。

第三层石塔，近正方形，0.37×0.31米。东面刻铭文："东面报先师和尚度脱之恩发愿诵云为僧在寺略兴功造塔圆成镇寺东今世预修来世善愿祈福惠得双通。"南面凿龛造像，佛龛呈拱券形，门楣饰连珠纹。佛像高0.16米，头饰肉髻，服饰同上，做弥陀手印，结跏趺坐于莲台上，佛龛券门两侧刻铭文，右边："塔南面报成宗"。左边："殿下制封寺主大德恩。"西面镌饰："西面报援僧录奉鹰制命之恩。"北面刻铭文："北面报亡老妣袁三郎养育之恩开宝八年二月初二日寺主经律大德嗣卿记。"

第四层塔石，近正方形，0.32×0.3米。东南西三面为凿龛造像，比例、服饰、姿态同上，只是坐式为结跏趺坐。北面刻字："寺主经律大德嗣卿特舍净财奉为四恩三友（有）兼保自身造石塔一所永充供养诵曰今世为寺主千生愿出家佛地金园住万代挂袈裟开宝三年庚午岁二月日建其年六十敬记知两殿香灯光宁大德嗣澄当寺前后寺宣□□□□□□"。

第五层石塔，近正方形，0.29×0.27米。东西面饰连珠纹拱券门。南面凿龛造像，佛像高16厘米，须弥座高5.5厘米。身穿斜襟衫，袒胸，做弥陀手印，结跏趺坐。北面刻："军事押衙顾廉成保安身位拾七百文同造塔寺主经律大德嗣卿舍钱结缘丁丑年正月十五日记。"

第六层塔石，近正方形，0.25×0.23米。东北面为莲珠纹拱门。南凿龛造像，佛高16厘米，须弥座高3厘米。身着交领襟衣，袒胸，作禅定印结跏趺坐。两侧上方呈券门，门楣饰连珠纹。券门内刻铭文："太平兴国三年二月一日造塔寺主经律大德嗣卿记。"

三、遗物

出土器物可分两大类。一类为各种质地的佛像、菩萨和供养人像。另一类为供养品和其他奉献物品。另有刻字砖和花纹砖标本120件。

（一）佛、菩萨、供养人像，计148尊

从质地分，有泥塑，陶、瓷烧制，玻璃和石雕，铜、铁浇铸，

木雕，砖刻，共九大类，其中以陶佛像为大宗。从装饰分又有彩绘、贴金和素面三种。

一、泥塑造像。计20尊，大多数残破。其以木头、草绳扎成骨架，黄泥屑和糠草堆贴雕塑，外表涂一层薄而细腻的白色化妆土。眼珠、白毫大多用紫晶石嵌饰，脸部有贴金和白面二种。内衣作粉红色，外衣及袈裟采用红黄蓝紫多色彩绘。姿势有坐式或立式，分述于后。

1. 阿弥陀佛坐像　通高67厘米，莲座高13厘米，座直径37厘米。脸部和手指贴金，现多已脱落。螺发，有肉髻，披袈裟，袈裟用红橙绿等多色彩绘。脸型圆润丰满，白皙而带红晕，额有白毫。做上品上生印，结跏趺坐于莲台上，体态匀称，眉目传神，慈祥庄重。

2. 迦叶立像　通高70厘米，莲座高8厘米，座直径20厘米。光头、五官秀雅且丰满，略有皱纹，眉弯略隆，颚两侧有鬈须，两眼微合含笑，神态温和虔诚，双手合掌于胸前作外缚印，跣足立于仰莲台上。下身饰描金彩绘短裙，右肩披彩绘袈裟，左肩裸露，塑像富有动感。

3. 阿难立像　通高69厘米，莲座高8厘米，座直径20厘米。相貌较年轻，光头，面容姣秀丰满，肌肤洁白而带红晕。双目平视远方。两手于胸前作合掌印，跣足立于仰莲台上。上身披轻薄袈裟，显得肩宽胸实，肌肉匀称；下身穿描金彩绘短裙。仪表虔诚，神态肃然。

4. 莲座　呈圆形，泥塑彩绘，重瓣覆莲，直径43厘米。大莲瓣上又饰荷花和卷云纹等图案。

5. 童子像　2尊。一尊高16厘米，光头，肌肤洁白细嫩，孩儿脸，面部丰润饱满。身穿宽领短衣，腹挂彩绘梅花肚兜，席地而坐，大腿向两侧分开呈八字形，跣足，小腿内弯，右手抱胸做握物状，左臂断残。另一件高 18 厘米，身穿连衣裤，左肩至腹间饰一根衣裤相连的绶带，右手置于膝盖上，左手断残，席地而坐，右足踏地竖膝，左足侧卧，断残。

6. 素面坐像 1 尊。高 18 厘米。光头，脸型修长，高鼻梁，身穿宽领窄襟长衫，席地结跏趺坐，腹前饰一物体，两手于膝盖上被衣襟遮盖。

7. 观音头像 2 件，残。其中一件高 17 厘米，雕塑精细，脸部罩一层化妆土，肌肤细腻红润，额上镶嵌水晶白毫，五官清秀丰满，线条流畅，具有女性特点。

8. 武士头像 2 件，其中一件高 13 厘米。头戴花冠，五官端正，面部清秀丰腴，额有水晶白毫。雕塑精湛，线条舒展流畅，色彩鲜艳，面容别致姣秀，婉约动人。

9. 金刚头像 2 件。其中一件高 14 厘米，头戴花冠，脸型丰满，凤眼，眼珠凸出，大耳，八字胡，下颊饰短须，神态威严。

10. 武士 1 件。首脚四肢残缺，残高 40 厘米，胸宽 13 厘米，身穿战袍铠甲，战袍彩绘，颜色鲜艳，线条流利豪放，仪表威武。

二、陶佛像 130 尊，有贴金、彩绘和素面三种。从造型区别，可分为二组，一组均设背光座；另一组为无背光座的辟支佛。佛像有身首一模合成，也有身首分模制作。背光座与佛像各自成形后生胎粘接低温烧成。

A 组 16 尊，均置背光座，背光座有刻画、彩绘光环、火焰、火轮和莲花等图案。刻画都是在湿胎时完成，烧成后再在素胎上施以彩绘和贴金。由于背光座形制、彩绘或线刻光环及火焰等图案装饰不同，兹分述如下。

1 式 2 件。一件通高 37 厘米、宽 26 厘米、佛高 22 厘米、莲座高4厘米。背座刻划一道凹线光环，头光，背座彩绘螺旋式火焰。佛像圆眉细鼻，双目俯视，体态强健，神态肃然。面部饰白色化妆土后贴金，头饰肉髻，额有白毫，身穿高领长衫，宽肩细腰，结跏趺坐于莲台上，作禅定印。

2式 1件。通高38厘米，莲座高3.5厘米，佛像高21厘米。背座刻一圈凹线光环，光环外沿做齿状火焰纹，光环内沿饰重火云纹和头光；佛像衣着和形制特征同上。

3式 1件。通高30厘米，方座高7厘米，佛像高16厘米。背光座和长方形须弥座均素面。面形丰腴，头饰肉髻，高领长袍曳足，结跏趺坐，两手置膝上做禅定印。

4式 1件。通高36厘米，莲座高3.5厘米，佛像21厘米。从莲座至背座顶端彩绘齿状火焰纹光环和七支头光。头饰肉髻，额有白毫，脸部圆润，身穿高领红色褶袍，两手于小腹前做禅定印，结跏趺坐于覆莲台上，仪态庄重凝然。

5式 1件。通高37厘米，莲座高3.5厘米，佛像高21.5厘米。背座线刻一道光环，光环外沿彩绘火焰纹，内沿饰重火云纹及火轮图案，背座两侧腹间彩绘二枝梅花，佛像姿态服饰同上。背光座阴面墨书：□僧绍记乙丑年期奉在为堂慈母造。

6式 1件。通高35厘米，莲座高4厘米，佛像高21.5厘米。背座线刻光环，光环外沿饰齿状火焰纹，内沿饰云状火轮纹，两侧绘二朵梅花。头饰肉髻，额有白毫，面型丰满，两目微睁斜视。身穿褶衣长衫，结跏趺坐，双手置于膝盖做禅定印，神态肃然。

7式 1件。通高35厘米，莲座高3厘米，佛像高22厘米。背座壁绘三彩光环、火焰纹，佛像衣饰和形制特征同上。

8式 1件。素面。通高47厘米，莲座高5厘米，长方形佛座高9厘米，佛像高21厘米。头饰肉髻，额有白毫，细眉杏唇，两眼微睁。身穿宽领褶衣，两手于小腹前做禅定印，结跏趺坐于单瓣覆莲上，仪态庄重慈祥。

9式　1件。通高43厘米，莲座高3.5厘米，须弥座高9厘米，佛像高20.5厘米。背座彩绘光环、头光、火焰纹等图案。头饰肉髻，脸部婉秀丰腴，五官端正，两目平视。内穿高领褶衣，外披袈裟，两手于膝上做禅定印，结跏趺坐于莲台上。莲台下部设长方形空心须弥座，正面彩绘变体莲花，两端画如意状卷云纹，整个图案繁简有致，布局得宜，色彩鲜艳，情趣盎然。

10式　1件。通高39厘米，莲座高4厘米，佛像高22厘米。背座上方线刻双圈光环（原有彩绘头光、火焰等图案，现已褪色模糊）。佛像头部及手指均贴金，头饰螺状发髻，身穿宽领褶衣，袒胸，两手于膝上作禅定印，结跏趺坐在莲台上。阴面刻铭文："佛僧绍光王嘴其造。"

11式　1件。通高35厘米，莲座高3厘米，佛像高21厘米。背座线刻光环，光环外缘彩绘火焰纹，内缘饰火云纹。头饰肉髻，脸形丰满，额有白毫，双目俯视，身穿宽领褶衣，两手于膝上做禅定印，结跏趺坐莲台上。

12式　1件。通高40.5厘米，莲座高3.5厘米，佛像高21.5厘米，须弥座高8厘米。背座彩绘光环、火焰纹等图案。头饰肉髻，额有白毫，脸型姣秀丰满，面部及手指均贴金。身穿高领褶衣，服饰彩绘描金，两手置于膝上做禅定印，结跏趺坐于莲台。莲台为重瓣覆莲，须弥座呈空心长方形，正面彩绘如意状云纹。阴面刻铭文："寺主经律大德嗣卿记今生为寺主来世作僧王文章成七步佛法播诸方太平兴国六年十月姓袁其年七十五十四在寺业家三十五省补寺主太平兴国六年十月初五日记。"

13式　1件。通高39厘米，莲座高3厘米，须弥座高6厘米，佛像高21厘米。背座彩绘光环、火焰纹。头饰肉髻，脸部及手指皆贴金。内穿高领褶衣，肩披袈裟，两手于膝上做禅定印，结跏趺坐于莲台上。须弥座呈空心长方形，正面彩绘如意状卷云纹。阴面刻铭文："寺主经律大德嗣卿记今生为寺主来世作僧王文章成七步佛法播诸方太平兴国六年十月姓袁其年七十五也。"

14式 1件。通高28厘米，莲座高3.5厘米，佛像高19厘米。背座线刻圆形头光，头饰肉髻，脸部贴金，大耳宽脸，面容丰满，双目平视，唇微凹显得呆板。身穿彩绘高领褶衣，做禅定印，结跏趺坐重瓣覆莲台上。

B组：陶塑辟支佛，124尊（佛名出处于同层同宫出土的木牌记载）。从这124尊辟支佛的脸型、身段、四肢和服饰看，基本上皆属模制。根据尺寸、面容、发式、姿态、印相等风格特点，可见有几种印模，经低温烧成后，在素胎上彩绘和贴金。124尊辟支佛的高矮，大小尺寸基本相似，一般高25～27厘米。头饰肉髻，螺式发髻。内穿高领褶衣曳臀，外披袈裟，两手于膝上做禅定印，结跏趺坐莲台。

三、铜立像1件。通高8厘米。镏金，体态英俊，全副盔甲武装。盔两侧各饰一根飞绶，右手握拳贴腹间，左手持剑高举。

四、铁佛像1件。出于第五层壸门壁龛，高23厘米。菩萨装，铁铸，内空，头饰螺髻，面容丰满，有白毫，内穿褶衣垂臀，左肩披袈裟，右臂断残，左手仰掌于膝盖，结跏趺坐。

五、石雕像：

1式坐像 2件。出于第六层壸门壁龛，石质疏松，色微红，高26厘米，圆形莲座高5.5厘米，直径18厘米。头饰螺髻，两手置膝，做禅定印，结跏趺坐莲台，双目微合。　.

2式坐像 1件。通高51厘米，莲座高6厘米，须弥座高8厘米，背座高 20 厘米。背光座边沿饰火焰纹,佛像头顶即背座顶端雕刻一小佛像,头饰肉髻,面部丰满,原全身贴金。右手覆贴于胸部,左手仰贴于腹部,左肩披袈裟,右肩袒露,结跏趺坐莲台,神态超然。背座阴面赭书:"显德五年六月初六日造此石佛并养愿来生为僧□佛寺主僧□□"。从佛像雕刻艺术风格和装饰特征看似是"大日如来佛"。

3 式立像 1 件。菩萨装,通高 41 厘米,须弥座高 9.5 厘米。头戴方冠,面部圆润丰满,颈挂璎珞项圈,身穿宽领长袖衫,两腕戴镯,小腹间饰二根绶带曳脚,右手护胸,左手抱腹,跣足立于重瓣仰莲台上。阴面赭画八卦图。

4 式头像 1 件。石质,灰白色。高 11 厘米。头饰螺髻。额有白毫,面形丰满,五官清秀,眉如新月,目似双星,雕刻精湛,线条娴熟流畅。

Ⅵ、琉璃头像 1 件。高 9.2 厘米。前额较高,光头,孩儿脸,釉色青绿泛黄。

Ⅶ、瓷坐像 1 件。高 9.5 厘米。头戴风帽,身穿高领长袖襟衣垂臀,双手捧一小鸟于胸前。釉色青中泛黄。

Ⅷ、木雕佛像 1 件。通高 10.6 厘米,木方座高 5 厘米,佛像高 5.6 厘米。全身贴金,右手高举持一物状,左手抱腹,结跏趺坐。

(二)金银铜铁杂件:

1. 铁挂件 1 件。呈蝶形,镂四孔,形成首尾两翅相称状。体长 8 厘米,两翅宽 12 厘米。

2. 银花 1 件。模印。高 8 厘米,宽 9 厘米。

3. 铜帽饰 1 件。呈长方形,长 5.6 厘米,宽 3 厘米。凹凸印花,正中印饰二人像,四边印变体莲花,鎏金。

4. 金盒 1 件。呈琮式,子母口,盖和底部圆弧,素面。高 4.5

厘米，口径4.9厘米。盖印刻铭文："许仁德并妻应二十一娘男从政等舍金盒半两。"盒内存放玻璃一粒，舍利子350粒。

5. 银盒　1件。子母口，高4.5厘米，口径7.4厘米。盖顶饰一莲蓬，周饰莲花，下腹内收，平底。盖周缘刻印铭文："许仁德为父母舍清财造置舍利盒一枚重半两永充供养丙寅八月日。"盒内贮放乳香（药材）若干块。

6. 铜盒　1件。高9厘米，口径10.6厘米。子母口，盖圆弧呈半球状，盖顶作一小圆纽，纽周饰莲花纹，沿作弦纹二道，下腹内收，平底。盖内墨书："丙寅岁当寺主经律大德嗣卿造闰八月十二日记"。盒内壁赤书："乾德四年闰八月十一日下行寺主经律大德嗣卿造。"内贮放绿色玻璃1枚和"开元通宝"钱17枚。

7. 铁函　1件。平面呈正方形，每边长25.5厘米。立面长方形，通高32厘米。子母口，盖顶铸铭文："潘仁育陈从绍应福陈景崇弟子潘仁实。"此函贮盛青瓷熏炉、粉盒、影青化妆盒、碟、铜镜、铜佛像、银印花、帽饰、药材、丝织品、金银铜盒、玻璃器、钱币和舍利子等。

8. 铁券　1件。正方形，边长9厘米。边沿做弦纹，正面铸文："吴越国王俶敬造宝塔八万四千所永充供养时乙丑岁记。"

9. 铜带扣　1件。长11厘米，中大两端小呈钩状，素面。

（三）金涂塔　2座，铁质，分2式

1式，须弥座，塔体、塔刹残缺。须弥座内空，呈阶级式正方形，座高8.5厘米，上平面10×10厘米，底14.5×14.5厘米。座壁间铸佛像、菩提树、莲花和璎珞纹等。上平面刻铭文："陈八娘为亡姚林十娘子女弟子造塔一所永充供养乾德三年二月十八日记。"

2式，须弥座，塔刹残缺。塔身高17.5厘米，平面呈正方形，边长9.5厘米。内空、束腰，塔体四边铸出佛像、飞天、菩提树和四拱券门，门楣饰璎珞纹。

（四）铜镜

1 式　2 件。龙凤镜，其中一件直径 11 厘米，厚 0.7 厘米。镜面光亮影人，边沿隆凸，中心作小圆纽，纽周铸四条飞龙前后首尾奔腾，中以一道弦纹相隔，外区饰三龙三凤首尾相连飞舞图案，龙凤动感强烈，线条舒展。

2 式　1 件。禽兽镜，直径 20.5 厘米，厚 0.8 厘米。宽缘八角莲边，八角相间各饰一山一鸟。纽作兽状，纽周饰山形、灵芝、花草图案。兽纽上方饰二神鸟相对嘴衔仙结，两侧做二凤相向面对兽纽。

3 式　1 件。双弦镜，直径 11.4 厘米、厚 0.6 厘米。镜面光亮。桥形纽，以二道凸弦纹装饰镜背，纹饰简略素雅，别具风格。

4 式　1 件。神兽镜，呈银灰色，直径 12 厘米，厚 0.4 厘米。宽缘八角菱边，分作内外二组图案；圆纽，外组各饰四飞禽走兽作前后飞腾状；内组二禽二兽，各禽兽背上分骑一飞天神像，图案形象逼真，富有动感。

5 式　1 件。菱边镜，直径 12 厘米，厚 0.4 厘米。桥形纽，纽上做山状和二支灵芝草，左右两侧饰二凤相对，下方饰二朵云草结。

6 式　3 件。素面镜，其中一件直径 20 厘米，厚 0.4 厘米，圆纽厚缘。

7 式　1 件。圆纽镜，直径 17 厘米，厚 0.2 厘米。薄缘光素，镜面光亮如玻璃，浅线刻人物图案：上方刻天体云层，中间刻结跏趺坐释迦牟尼佛像，左右两侧童男童女立像，后两侧各立一光头佛像，前两侧各立二武士。中间及边沿空间刻铭文："僧保诚奉息三友永充供奉咸平元年十一月廿四日。"

8 式　1 件。圆纽镜，直径 19.8 厘米，厚 0.4 厘米，光素。镜面线刻铭文："台州黄岩县备礼乡大兴里新界南保弟子王仁镒时大宋元丰元年十一月四日记。"

9式 1件。桥形纽镜，直径25厘米，厚0.4厘米，素面。镜面线刻铭文人物：中立一武士，铭"东方提头赖吒天王"，大鼻长须，全身盔甲，左手持长剑，右手提飘带，跣足踩踏云头。周刻"乾德四年丙寅九月十五日勾当僧归进慕缘舍入塔永充供养灵石寺记"。

10式 1件。桥形纽，直径24.5厘米，厚0.4厘米，薄缘光素。镜面线刻南方毗楼勒叉天王像，头戴英雄冠，身穿甲胄，面目狰狞，绑腿跣足，甲衣饰数根绶带似在随风飘扬，立在云雾中。右侧刻："南方毗楼勒叉天王。"周刻："乾德四年上元丙寅玖月十五日勾当僧归进慕入塔永充供养咸丰元年十一月廿四日重建此塔僧绍光寺记灵石寺。"

11式 2件。花鸟镜。其中一件直径24.5厘米、厚0.5厘米。桥形纽，纹饰分内外两组：外组饰六朵卷云纹；内组饰六枝牡丹花和三鸟飞舞花间。阳面线刻西方毗楼博叉天王像，形象狰狞。圆眼长鼻，头戴天王冠，身穿褶袍垂足，肩披璎珞巾和绶带，腰间挂一条鱼，右手抱胸，左手持刀，跣足立在云头，神态威严。左侧刻："西方毗楼博叉天王。"周刻："乾德四年丙寅九月十五日勾当僧归进慕缘舍入塔永充供养灵石寺记。"

12式 1件。桥形纽，直径20厘米，厚0.3厘米，素面。阳面线刻北方毗沙门天王像，全身胄甲，右手托塔，左手持枪。右侧刻："北方毗沙门天王。"周刻："僧归进慕缘舍入塔永充供养乾德四年丙寅九月记灵石寺记。"

（五）瓷器

1.青瓷熏炉 高19.5厘米。子母口，外口径19厘米，内口径17.5厘米，底径12.6厘米。盖圆弧呈半球状，下腹内收，圈足，足唇向上卷。盖镂孔，三瓣卷叶缠枝花为主纹，周作二道环带，内环做六组，外环做七组，每组三叶四孔自成单位，共十七组连环构成。叶瓣均为篦状式纤细划纹。上下口沿各饰二道弦纹带，上带四面相对饰四枝覆兰，下带为仰兰。腹部刻划五道弦纹，下腹做重瓣仰莲一周。整个器形造型奇特别致，装饰构图严谨。内外施满釉，釉色青绿，滋润光泽如凝脂。炉内壁墨书二周，上周："当寺僧绍光舍入塔买舍咸丰元年戊戌十一月廿四日。"下周："童行奉询弟子姜彦从同舍利永充供养。"

2. 青瓷粉盒 高4厘米，口径7.6厘米，底径7.5厘米。子母口，盖圆弧，腹微鼓，平底。盖部刻划游鱼，内外施满釉，釉色青中泛黄，光亮。

3. 影青盒 高10厘米，外口径8厘米，内口径6厘米，底径5厘米。器形呈莲蓬状，子母口，外形做二节四格八棱爪状，芒口平底。盖部饰团形式缠枝印花。釉色青白，滋润光泽，外底不施釉。盖内墨书："九思舍。"

4. 影青碟 高2厘米，口径9.9厘米，底径2.8厘米。菱口爪棱，口唇外卷，腹微鼓，凹底，外底不施釉，釉色青白，透明光泽，有冰裂纹，碟内贮放乳香（药材）。

（六）丝织品

丝织品大部分都是用作包装药材、钱币和供养品，也有用于墨书纪年、祈祷、纪事、记数或供养诗词等。其裁剪形状有正方形、长方形和布条状等，分述于下：

1. 绫绶 黄色，36×4.3厘米，长条状。直式墨书："钱五百文足添修宝塔又收自得琉岩章监陵舍利小盒安在释迦舍利用共供养发愿生生为兴龙（隆）三宝重修宝塔永记。"阴面横式墨书："治平四年九月廿一日入吉利。"又直式书："当寺比丘思穆俗姓洪父名保娘姓郑第二娘本师瑞良瑞岩其年春教（交）文十二價

（贯）冬教（交）文十五價（贯）恐人要布从弟思穆治平愿做僧年三十二岁兄师弟修宝塔舍衣钵。"

2. 绢方 黄色，40×40厘米。四边直式墨书："□比丘唯显幸值重修宝塔伏睹释迦真身舍利宝塔□□枚舍此祈装之又入乳香在盒子内永充供养□□□唯显劫劫生生夷（异）香馥郁边覆舍情妙香佛国治平四年丁未本命之岁九月十六日号之也。"

3. 绢巾 浅黄色，19.5×14.5厘米，素幅。

4. 绢本 浅黄色，37×37厘米。直式墨书："当寺比丘众通记耳治平四年九月廿一日伏睹重修宝塔抽白襟一仿□□钱并要带屈头箇香等。"

5. 绢巾 黄色，编织粗拙，网纹式。

6. 绫带 红色。

7. 缎绶 紫色，串钱用。

8. 绸巾 灰蓝色，40×40厘米，呈又字形。

9. 刺绣 氈衣黄色，45×38厘米。阴面墨书："当寺僧童行思仇恩舍白合一对襟一条舍利一只盛□□。"

（七）纸质品

1. 牒文 58×39厘米。墨书："灵石山灯明寺新戒僧杢通右本通谨祇□起居京兆三十六郎长者牒件状如前谨牒□□十四年八□□灵石山灯明寺新戒僧本通牒。"

2. 供养词 37×37厘米。墨书："当寺僧比丘利诚伏值照师重修宝塔舍随年钱叁拾四文又舍香小许入宝塔伏愿利诚生生世世同生佛国时丁未治平四年九月廿一日入塔比丘。"

3. 经画卷 5件。题：《佛说预修十王生七经》变，横卷，纸质细腻，色泛黄，字行作红线直格。每卷《佛说预修十王生七经》变文33篇，变相10幅，2200字。10幅十殿阎王和六道轮回图画均白描，全卷长603厘米，宽31厘米。33篇变文中，有四川成都府大圣慈寺沙门藏川等我国各大寺院高僧的赞曰，为研究我国佛教史、民俗史的珍贵资料。

（八）木牌

共16块，木质有白椤、红樟、黄檀和花梨等。木牌大小不等，均书写铭文。

1式 26×10厘米。直式墨书："清信佛弟子王延煦右廷煦伏遇吴王竝育分舍利于金园僧敬几皈建浮图于宝地况以我佛真容虽隐舍利不藏接引沉迷援除罪苦但是廷煦有幸得生善获遇明时八方而尽兴大觉之宗九土而觉膳圣象但廷煦既遇真身现相唯缘佛言一念之心便果干生之善但廷煦今则倾心发愿志意皈依特济世之财入塔龛为信伏之乞释迦化主舍利真身不舍慈悲乞垂鉴恳但廷煦惟愿生生圆满世世崇荣渐圆八地之功早证四弘之觉乾德肆年上元岁次丙寅玖月拾五日信佛弟子王延煦发愿记。"

2式 22.7×14.2厘米。直式墨书："台州黄岩县备礼乡下吞保清信弟子许仁德并妻应二十一娘男从政从渥一门眷属等同舍净财铸造此塔相轮并舍金盒银盒各盛一舍利各舍随年钱三般宝器一志制成永镇莲龛终期胜报乃为词曰锻炼工精陶熔力大灼烁炉缒动摇扇鞲宝合成速相轮泻快内秘莲龛表光法界我心既坚斯缘岂坏有罪愿消有病瘥□永祝富饶福资庆泰佛果菩提是兹倚赖时皇宋咸平元年十一月二十四日书记相轮。"阴面书："计钱二十五贯金盒子计钱五贯已上共计叁拾贯文足。"

3式 25.4×8.4厘米。直式墨书："下吞保弟子许信期今伏睹灯明寺僧思照勾当重修宝塔二所于西塔内收得信期翁许五郎名仁德舍金盒银盒子盛舍利元是咸平二年入今塔是治平四年丁未岁九月二十一日再入永充供养者。"阴面书："弟子许信期今因修塔抽舍家财壹贯五百文足雇匠又舍光钱壹佰文足入宝塔永充供养治平四年丁未岁九月十二弟子许信期抽舍。"

4 式 24×14 厘米。直式墨书："大宋治平四年丁未岁九月勾当僧思照并行者蒋元亮朱元鉴慕缘修此二塔中小珠盛释迦真身舍利外安诸杂舍利有辟支佛舍利一千用记将来修塔人知之住持傅华亚教僧嗣宗自书记之东塔亦有辟支佛舍身舍利及诸尊宿舍利。"阴面书："僧众自南钵虞善僕有廉惟德归信可言可封瑞良蕴从唯新剧言择能宗演有才唯颔择华唯节希皓德圆刘成宋严法随思程广闻本通元莹智雅普和惠峥。"

5 式 26×12 厘米。直式墨书："二十娘林根方三娘姚十一娘余大娘金倚连为考廿四郎等各抽净□□□当寺童行奉询右奉询伏遇浮图于宝地得见释迦如来真身舍利但奉询今生十信之家遇善知识但求出家□□有幸得睹真身罪减消池佛言一念之嗄便超万生之善但奉询志心皈依生生诵莲经世世声音清澈特抽微妙之财入在□为慈伏乞释迦真身舍利不舍慈悲乞垂朗鉴□□□□圆满崇荣世世眷属团圆早登无上菩提成平元年□□□□□盛舍四日童行奉询□。"阴面书："□□□□□□慕到女士口口具银童□□□□□□□□惠□看胡招胡巳杨五娘卢三娘周六娘孙十娘胡□胡□邵□□胡婆口胡生儿胡二十三娘胡二十四娘胡二十六娘胡六娘胡三娘胡八娘陈接权陈八娘陈九娘陈十三娘张朋严助严社孙欢孙神儿孙兴第王大娘吴大娘菜十娘吴鸟等湖㖊保男女何赏润何仁宠王八娘李三娘应五娘顾三娘王五娘何十七娘何□娘何十九娘何二十娘张五娘等请愿保男子周口周二娘□□章八娘张七娘卢五娘童□□章八娘王四娘王闰公菜八娘林从□□。"

6 式 35×34 厘米。直式墨书："治平四年九月初六日当寺僧思照并童行元亮元鉴等伏睹本寺宝塔建立年赊（久长）但思照等同发志心勾当重新修缮东西宝塔二所所祈净福庄严无上菩提然后上荅（塔）四恩下资三有法界众生仗此善缘俱生苦轮同生净土修到此龛睹见舍利重修整安入龛永充供养但思照等愿世世生生投佛出家遇善知识早得为僧兴隆三宝渐次修行同归净土永彰不朽。"阴面书："勾当僧思照随年舍太平钱三十六文童行元亮随年舍太平钱四十八文。"

7式　28×7.5厘米。墨书："□□□出家发□□□□临命终时藏诸业障得生起卧生彼国已见□□□□□□□当寺裟际劫具足菩萨行集一切功德庄严□□□□□□与心佛道摩诃般若密多时咸平元年十一月二十四日比丘宝光书于记。"

8式　32×7.5厘米。墨书："□□□□一干□□□□速澄无生□□悟得大□□□□凡所声教□□皆不忘功德智慧其身根□□道下度有修万行中圆三轮空□□菩提心永不退转自利也。"

9式　19.5×19厘米。墨书："当寺僧绍光舍入塔买舍咸平元年茂（戊）戌十一月廿四日童行奉询弟子姜彦从同舍利永充供养。"

10式　25×2.3厘米。墨书："当寺僧处言谨抽随年钱六十六文舍入宝塔内供养时治平四年丁未岁九月二十一日记耳。"

11式　12×3厘米。墨书："僧思照随年钱二十文永充供养。"

12式　13×3厘米。墨书："陈元三年三十二随年入缘记岁次治平四年丁未九月二十一日行者。"

13式　8×3厘米。墨书："愿生生入诸佛会中钱三十五文入塔供养。"阴面书："僧陆间舍随年治平四年丁未当寺。"

14式　14×2.8厘米。墨书："童行元亮随年钱四十八文。"

15式　8.5×2厘米。墨书："沙弥德圆舍随年钱治平四年丁未当寺。"

16式　9×2厘米。墨书："小师思照修此塔惟德年十五岁丁未钱六十五文。"阴面书："宗寺主住持山门霸旺得四人洊行成僧良浴圭。"

（九）钱币

多为铜钱，铁钱数量极少，时代上起秦汉，下至北宋治平年间，计 3365 枚。铜钱品名有半两、货泉、五铢、太货六铢、汉元通宝、开元通宝 (其中有少量铁钱和铜钱，阴面有潭、兴、宣、洛、福、祥、偃、月等十余个铸造坊)。乾元重宝、天汉元宝、咸康元宝、唐国通宝、周元通宝、宋元通宝、乾元通宝、太平通宝、淳化元宝、至道通宝、咸平元宝、景德元宝、祥符元宝、天禧通宝、天圣元宝、景祐元宝、皇宋通宝、明道元宝、至和元宝、景祐通宝和治平通宝等 30 多个品种。

（十）千佛砖

126 块，均为长方形，26×20×3 厘米。砖坯呈灰白色，火候较高。制作方法有两种模型，一种全模，另一种半模加彩绘图案，其佛相、图案基本上相同。

全模，上方两角均模印"千佛"二字。佛像坐序分上下两排，每排五尊，均模制，佛像上方及两侧边缘均饰幡幔垂飘，佛像之间饰菩提树相间。佛像皆设背光座，头光，火焰闪烁四射。每砖十尊佛像，头皆有肉髻，脸部贴金。上排自左至右，一五为红彩，二四为紫红彩，三为金彩。下排自左至右一五为青绿彩，二四为橙红彩，三为紫红彩。佛像均穿宽领褶衣曳臀，两手置于膝盖上作禅定印，结跏趺坐莲台上。其中上排中间一佛的手印为莲花合掌，下排中间一佛作说法印。砖背面有墨书："灵石寺大德嗣卿众．缘造一万身纳一片中身舍入死坊宅道场供养丁丑六月日记□□□□。"

半模主要缺"千佛"二字和幡幔，莲花、菩提树等用彩色绘出。佛像形制，衣着色彩均同上。

（十一）塔砖

塔砖是造塔的主要而平凡的建筑材料，但此塔约有 20％ 的砖为文字砖、花纹砖和人物砖，内容涉及当时的历史、经济、社会结构和艺术诸方面，对研究五代、北宋时期的历史和艺术有一定的价值。文字砖的内容有纪年、记事、诗歌、祈祷、姓氏、地名、数据和供养词等。花纹砖有花卉、动物以及几何形图案。人物砖有佛像、供养人像、戏剧人物和历史人物像等。

四、结语

灵石寺塔建造年代，出土文物上镌刻、墨书纪年和塔砖纪年与《黄岩县志》记载基本相吻合。但具体何时始建何时竣工？经过几次维修？文献上没有明确记述。这次，我们在第一、二、三层发现了大量的纪年砖和纪年文物，均为"乾德三四年"；在第四、五、六层中，除"乾德"纪年砖外，还发现了相当数量的"咸平元年"纪年砖。在第七层及塔刹中，除"乾德"和"咸平"纪年砖外，发现了清康熙二十年的纪年砖。从出土文物层位及文物上墨书记事、祈祷及供养人姓名纪年看，藏入文物的时间也有先后。塔之一、二、三层出土文物中纪年的年号有开元、显德、乾德、开宝、太平兴国等。在第四、五、六层除上述纪年外，时代稍后的还有淳化、至道、咸平、景德、祥符、天禧、天圣、明道、景祐、皇祐、嘉祐、治平等绝对纪年的文物。有相当数量的文物是乾德年间入塔供养的，在治平四年修塔时先被取下，后又重新放回。另外塔每层平面结构，砌筑方法与第四层以下均有异样，辅作不同，表明第四层至塔刹部分在治平四年曾有过一次大修。第四层北宫在治平四年整修时藏入大量的唐、五代和北宋时期的佛教文物。当然，有些文物在维修时也被先取下，修塔竣工后又重新放回原处，如金涂塔，著有纪年的16块木牌，五卷《佛说预修十王生七经》，青瓷器皿、铁券、石雕佛像、泥塑彩绘佛像和藏于铁函内的 15 枚铜镜、秦汉至北宋的历代钱币 3000 余件，青瓷熏炉（炉内套置铜盒，铜盒内套银盒，银盒内套金盒，金盒内存放 350 粒舍利子）及熏炉周围存放的影青粉盒、碟子、青瓷粉盒、乳香（药材）和书有纪年的丝织物及纸质品。综观以上情况，证明灵石寺塔始建于北宋乾德三年（965），至咸平元年（998）建成，治平四年（1067）则经过一次大修，至清康熙二十年（1681），第四层至塔顶又经过一次大修，同时，塔外表做加固粉刷。

从塔砖铭文看，当时灵石寺并不那么富裕，造塔经费基本上靠社会人士和各寺院资助。除善男信女乐助外，砖铭提及资助的还有邻县的临海县涌泉寺和天台县的天台山寿昌寺等寺院以及寺院附近的村民。

灵石寺塔内珍藏的大量五代和北宋时期的文化艺术珍品，绝大部分保存完好，其中以雕塑艺术品为最突出，包括泥塑彩绘，石雕、陶塑、金属铸像和砖刻等。在这些艺术珍品中，泥塑彩绘和陶塑造像又以其造型优美，色彩绚丽鲜艳，纹饰繁缛，形象逼真而称重，表现了北宋时期浙江地区泥塑彩绘工艺及佛像雕塑艺术的高超水平和独特风格，造像形体和神态的进一步世俗化，反映出北宋时佛教艺术发展的时代特征。

青瓷熏炉，造型优美，装饰别致，釉色青绿莹润，似冰如玉，烧造工艺达到高超水平；其器型之大，风格之新颖，为以往所罕见。更有意义的是，这件熏炉系本地沙埠窑群产品，沙埠窑址在 20 世纪 50 年代发现后，就蜚声海内外，该器之发现，对研究沙埠窑青瓷工艺生产水平有重要价值。

铜镜的线刻艺术是该塔出土文物中的一大特色。15 件铜镜中有 6 件直径较大的镜面以细线浅刻佛像、童子像和东南西北天王像等，所刻人物、物象线条纤细流畅，自然奔放，形象逼真。

从美学角度看是一批高超的艺术珍品，从中国铜镜发展史而论，更是绝无仅有。

五卷长达 603 厘米的白描《佛说预修十王生七经》即六道轮回图，用 2200 余字的变文和十幅线描变相图来表达人生的善恶因果，对研究宗教史和东南沿海一带的民俗史有较重要的价值，同时也为研究五代北宋时期白描绘画美术提供了不可多得的重要史料。

唐末五代，浙江受钱氏统治。北宋初期赵氏虽统一中国，但浙江一带仍在钱氏势力控制下延续了多年，后来纳国于宋赵氏，两度化干戈为玉帛，社会安定，生产得到发展，文化随之昌盛。当时台州的青瓷窑址林立，白生绢、玉板纸、花边工艺品的制作，伏苓、干姜、柑橘、板栗的生产均称誉海内外，宗教事业也很兴盛，除名扬中外的天台宗佛教外，其他佛教寺院的佛事活动也有相当的规模，从灵石寺塔出土的这批文物中，我们不难领略当时黄岩地区在建筑、宗教、戏剧、绘画、陶瓷、雕塑等多方面的成就。这批文物的学术价值是多方面的，本文旨在提出报告，以供国内外专家进一步研究之需。

灵石寺塔大量文物的出土，承浙江省文物考古研究所所长、研究员王士伦先生和台州地区文化局局长王中河先生指导，谨致谢忱！

清理者：王海明、宋煊、宋仁华、陈顺利、金祖明

整理者：符艺楠、宋梁、陈顺利、金祖明

绘图：杨松涛、林伟楠

拓片：卢英卓、宋仁华

摄影：金仁贵、金祖明

执笔：金祖明

瑞岩净土寺塔

　　瑞岩净土寺塔，在县城西北 25 公里的北洋镇（原潮济乡）瑞岩村溪边农田一角，边长 3.9 米，高 0.9 米的小土墩上，占地不足 15 平方米。塔五级六面，楼阁式砖塔，以菱角牙子叠涩出檐，各级每面设壶门，内无佛像，塔刹已圮。塔为旧县志所佚载。据塔砖上镌"瑞岩院曾了性造""至元癸巳"等，初定为元至元癸巳即元世祖三十年（1293）所建。此塔是江南禅宗大丛林瑞岩寺佛塔，亦是浙江现存较为少见的元代古塔。

　　1985 年 11 月，黄岩县人民政府公布为第二批县级文物保护单位。1997 年 9 月，浙江省人民政府公布为第四批省级重点文物保护单位。

///// 瑞岩净土塔

///// 塔体旧砖瓦

右　砖：长 26cm、宽 11.5cm
　　　　厚 5cm
左前砖：长 18.5cm、宽 10.5cm
　　　　厚 2.5cm
后　砖：长 27.5cm、宽 12.5cm
　　　　厚 2.5cm

右瓦：长 27cm、弓高 8cm
　　　对宽 16cm
左砖：底长 23.5cm、左高 13cm
　　　斜边长 17cm、右矩边长 4cm
　　　斜边长 21cm

　　塔北原有寺，始建于唐代，名瑞岩净土寺。明初曾有日本僧人居于此寺，为佛教日本曹洞宗之祖庭。清同治年间寺废，留有大殿、放生池等遗迹。近年曾有日本僧人来访。

　　今塔南偏东 10 度，底层以条石为基，塔体边长 1.63 米，层高 2.23 米，自下而上逐层递减，至第五层边长 0.93 米，层高 2.22 米（包括塔顶），塔残高 10.4 米。塔体向东倾斜 35 厘米，向北倾斜 18 厘米，底层一隅因塔砖松动脱落，形成空洞，可窥中空的塔身。1993 年曾对塔基和部分塔体进行过维修加固。第一层北壶门矩形，是否后世维修时所为，还是进塔心而设待考。第二层面南壶门边有一圈土红色边框，为其他各壶门所未见。塔底部二层与上部三层风格各异，是否在维修时对上三层做过改建，须对其考证。

　　塔底层用砖早期砌体为 28.5×13×4.5 厘米，叠涩用 26.5×13.2×2.5 厘米，均用黄泥浆砌筑。一、二层壶门以上有一道高宽的砖额，出三层叠涩砖后，用二层菱角牙子砖叠涩出檐，至转角位置略向上翘。二、三、四层由叠涩砖出平座，第四层无砖额结构，到第五层既无平座也无砖额。

//// 重修后的塔刹塔顶

现存腰檐用 18.5～15.5×19×0.8 厘米的小板瓦覆盖，大部分已破碎，塔檐转角以灰筒瓦做脊，脊端呈象鼻状卷翘，塔顶高耸，塔刹已残，白灰饰面。塔刹系陶质连体葫芦形。

塔于清乾隆五十八年（1793）十月曾进行重修。由于自然风化较严重，塔砖风化剥落，塔顶、塔刹、腰檐瓦件损坏，雨水内渗，植物根系伸入塔体造成开裂。叠涩出檐，塔顶损坏尤为严重。

2004 年 2 月 21 日至 4 月 27 日，由黄岩博物馆主持，东阳古建园林设计室对该塔进行修缮设计，临海古建公司承包对古塔进行修缮。塔体按不改变原状为原则，暂不采取纠偏措施，要求设置观察标志，观测倾斜变化情况。首先，对溪边护坡路面墁卵石等形式，对跨河以后到塔基 80 多米的小路进行整修。对塔体所处位置占地不足 15 平方米的小土墩西侧与农田高差近一米，周边有水田包围，对塔基稳定存在隐患处，扩大塔基占地面积，用条石砌体，将土墩和农田相隔，避免塔基被周边蚕食。塔周台基铺砖护面，并散水泛流，防止杂草丛生，并设宽2米甬路与小路相通。按2号灰筒瓦，垫层泥浆按3:1黄土泼灰比例，加除草剂混合，铺撒防渗。塔刹原制无考，仿本地区年代相近葫芦形塔刹，用灰色无釉陶缸按制。

　　修缮后，塔高11.9米，其中第一层高2.37米，第二层高1.7米，第三层高1.8米，第四层高1.68米，第五层高2.35米，塔顶高0.95米，塔刹高1.05米，塔身下部第一面宽1.5米。同时，准备对瑞岩净土寺大雄宝殿、放生池等遗址进行清理保护。

///// 重修时的塔刹构件

///// 2004年2月21日－4月27日，由黄岩博物馆主持，东阳古建园林设计室作修缮设计，临海古建公司承修

///// 新砖长29cm，宽15cm，厚4.5cm，上镌："二○○四年二月　黄岩博物馆重修"字样，分二排直书

常寂净土塔

在县西松岩山常寂净土塔院，俗称常寂寺（因在法轮寺后，又俗称后寺）。石质，元延祐三年（1316）建，高3.47米，三级六面。须弥座高76厘米，每面宽32厘米，各饰阴刻椭圆。第一级高73厘米，面宽31厘米，中饰直椭圆形，上饰角距52厘米瓦楞檐，西角檐已毁。第二级高73厘米，面宽31厘米，饰长方形图，上饰广25×18厘米椭圆龛，外罩玻璃木框（已毁），无佛像。第三级高（含檐高）110厘米，面宽31

厘米，饰有佛龛，无佛像，顶饰高 15 厘米的倒葫芦形塔刹。

塔西有一石甃池，长 3.7 米，宽 1.9 米，深 1.6 米，池上架一条石。

常寂净土塔院，始建于元延祐三年（1316），僧元湛建，构屋寝广、缁流聚集，与法轮寺相坪。民国十八年（1929）毁于火，僧平透募建未成而逝，后由谛闲募款重建。中华人民共和国成立后，四周厢房分给农户或生产队用房。20 世纪七八十年代后，寺宇破败不堪，杂草丛生，瓦砾遍地，仅存大雄宝殿较完整。原有一老者占有五六间厢房养羊。

2004 年 10 月间，信众募资重修大殿、厢房、道路。有僧墓残塔碑等发现。

2007 年开始对其他寺房进行修缮。寺内有民国二十一年（1932）秋，陆军少将镇江要塞司令（苦竹人）林显扬赠大雄宝殿匾一块，今在法轮寺（前寺）。

黄岩州常寂净土塔院记

常寂净土塔院之记（篆额）

黄岩州常寂净土塔院记（题）

承事郎台州路同知、黄岩州事三山林兴祖撰

奉训大夫、台州路黄岩州知州兼劝农事，河东白凯书并篆额

名山胜地，招提兰若，因名就胜，每与山相与长久，其故何哉？传者以世聚者，有所仰，有所仰故常聚。世传故常住，常住是通千古为一心，常聚是合众心为一心，心一故可久。是故欲为长久计，必植膏腴，而使有所仰，必家其传而不避为私。

呜呼！西方之教流行中土，孰谓与儒家异哉？世传在人伦为父子兄弟，有所仰，在名教为仁术，殊途而同归，百虑而一致也。

黄岩州松岩法轮院西二里，有常寂净土塔院，常寂胡为而可常，僧秋江所以传祖师之心灯，授后来之心印，其在兹乎？先是秋江常居法轮寺，起废续绝，功德宏大，详在《周博士记》中。松岩法轮常转，常寂塔院不可不使有常。后唐勒师禅定旧地中，更废坏，毋亦有所住，无所常住，有所聚，无所常聚，欤！

秋江自婺女华藏归，喜法轮之有常，惧宰褚波之不能久释，喜负惧荄芜，备秽躬自劳也。石其址而屋之，屋为间者十，躬自营也。明年筑垣外护，改路东出，延外观也。叠石甃坛池，有亭塔，有灯务，庄严也。石像佛而奉之，图永久也。

若钟若板，悉尔具备，仍旧观也。经始延祐三年（1316）正月落成，四年（1317）十二月成功速成。铢累粟衰恶衣菲食，克勤克俭，以有今日成功，难也。欲聚其徒而无所仰，欲传其教而非其徒，暂聚而终散，可传不可久虑之。熟谋之长也。乃竭檀施，乃罄衣资，总得田二十亩。乃请辟吴家废埭，复得田二亩有奇。有所仰，而徒可聚也，立规著誓，为主守者，必本院所度僧，甲乙相沿，有坏必修，有废必举也。罔念厥绍，毁规弃誓，明有人谴，幽有鬼诛也。或自外来，不遵吾教，捐田檀施，集众斥之，毋兴健讼，成规不坏，虽久如初也。

院占地与法轮寺山接界，法轮山西畔横路，余皆院物。戴博园侨屋一所，院所新建，法轮无与也。法轮常业，本亦秋江经营，秋江非薄法轮而厚常寂。法轮自法轮，常寂自常寂，彼无此与此，无彼侵也。檀施有祠，岁时有祀，不忘本也。通千古为一心，千古一秋江也。合众心为一心，大众一秋江也。一本相承，空门父子兄弟也。三时有仰，西方仁术也。此秋江所以从余求记，而余所以愿为秋秋江记也。秋江名元湛，嗣宝方山，后为今名僧。

时至治三年（1323）十有二月吉日 记

///// 净土塔与池

　　舍田施主，衡之山长周浚二亩、寂照安人金氏了因三亩、自
照安人陈氏八娘五亩、四明宣教王浚一十亩、陈氏解奴娘七亩、
思晦宣教王范八亩、郑氏季一娘安人二亩、王氏妙音安人一亩二
角、张氏妙净一亩二角、徐氏妙明安人二亩二角、解氏宇真四亩
二角。

　　附耿应衡诗刻，在碑阴、草书三行、字径三寸许

　　禳火开龛事成张，数椽片石敛神光。

分明不生原不灭，发爪生长自寻常。

秋老大禅师塔，楚黄耿应衡书。

碑高七尺三寸，广三尺六寸。额篆书："常寂净土塔院之记。"八字分二行，字径三寸四分，行楷书十九行，行三十九字，字径一寸。在西乡松岩常寂寺，记僧元湛延祐三年兴院事。（碑今佚）。

《光绪志》

普福禅寺塔

///// 石高47厘米，周长168厘米，龛莲叶状，高27厘米，宽27厘米，上饰复莲，下饰仰莲。周饰莲叶四瓣，每瓣高27厘米，宽27厘米

在桐屿埠头堂普福寺（普福招提）前，唐开元年间（713—741）建。后移置寺内。石质，共有五座。每座须弥座高0.76米，上承三迭鼓形塔体。塔体饰如意云纹、莲瓣，下饰仰莲。三迭鼓高分别为0.54米、0.57米、0.65米。塔身镌金刚、韦陀、祥鸟、瑞兽。顶如佛焰、葫芦形，顶饰仿瓦楞屋面。

2002年3月，公布为县级文物保护单位。

///// 普福禅寺

///// 普福五塔基座

风水塔

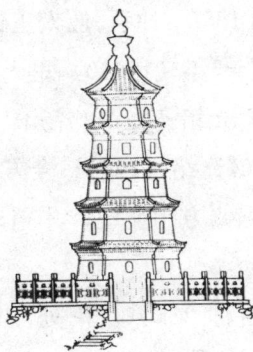

紫、阜双塔

在九峰文笔、华盖两峰之巅，南曰"紫云"，北曰"阜云"。古时，县城民众"每望霖雨，以云合二峰为喜候"，故双塔均含"云"名。双塔始建年代不详。光绪《黄岩县志》载"宋南渡后即有之，明清两朝曾作重修"。南宋景定年间（1260—1264），宝章阁大学士章雄飞《游九峰寺》诗中有"九峰突地三千丈，双塔攒空十二层"之句，可见当年双塔之宏伟。"双峰插云"为九峰十景之一。双塔也是黄岩的地标性建筑之一。现塔为五级六面砖石结构，塔基为五层条石砌成的须弥座，底级塔体边长 2.12 米。

1985 年 11 月 24 日，公布为黄岩县级文物保护单位。2007 年 6 月 1 日，公布为台州市级文物保护单位（保护碑简介有误，"六面七层"应为"六面五层"或"五级六面"）。

双塔地处方山之巅，终年遭台风雷电、雨雪、冰凌侵蚀，风化严重。明弘治十六年（1503）秋，圮于飓风。嘉靖三十年（1551）巡按监察御史张科檄建。嘉靖四十四年（1565）仲秋，邑人王铃撰文《永宁山双塔记》以记其事，后又圮。清咸丰十一年（1861），里人池鳌、邱正焕、柯嚣捐建，罗德润、陈秋萼、董成之。光绪初县令郑钖潭（贵州玉屏县人）重修。同治三年（1864）雷震北塔（《光绪县志》）。今方山听莺阁门前崖壁有同治壬申（1872）罗德润记"重修方山文笔，华盖双塔旧迹"摩崖，记双塔重修事，但大部患漫不清。

在双塔中间山冈东坡下俗称"十八圹"处，有南宋经史学家彭龟年和彭椿年的坟茔。明初方礼登山凭吊时，留有"彭冢麒麟卧草莱"的名句。每当风清月明之时，双塔倒映城内砚池，似双笔搁砚之佳景。砚池、

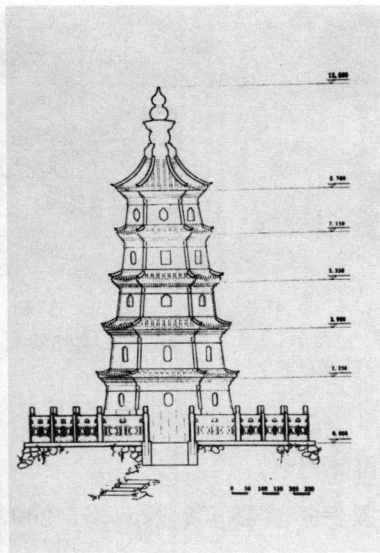

///// 2003 年重修后的紫云（南）塔及修复正立面图

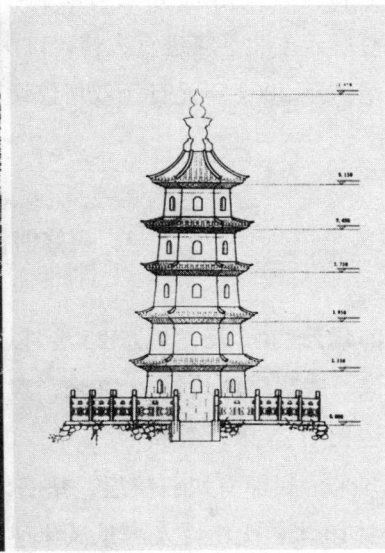

///// 2003 年重修后的阜云（北）塔及修复正立面图

///// 2003 年 12 月
出土的筒瓦（上），
重修时的新筒瓦(下)

///// 出土的构檐（左）径
15.5cm，重修时的新构檐径 8cm

///// 出土的构檐

砚池巷亦自此得名。

为抢救保护岌岌可危的双塔，2002 年冬开始筹资人民币 120 万元（加铺设至塔基的电缆约需 150 万元），由黄岩博物馆具体负责修理。从 2003 年开始修筑方山水库大坝通往双塔之石级山道，埋设地下电缆，同年 9 月 20 日开始，临海古建公司按东阳市古建园林设计室设计的修缮图纸，开始对阜云（北）塔进行大修，11 月 1 日开始对紫云（南）塔运砖、搭架、修缮。至 2004 年元旦，双塔修缮基本竣工。

一、重修前状况

重修前紫云（南）塔南偏东 25 度，以菱角牙子叠涩出檐,每级设壶门，内未见佛像。底级塔体边长 2.12 米，级高 1.97 米，自下而上逐级递减。至第五级边长 1.24 米，级高 1.24 米，现存残高 9.10 米。塔基周围有堆积层深 0.6 米，底部有块石垫层，垫石之上顺砌四层长度不一的方整条石，总高 1.10 米，无沉降及严重风化现象。塔砖大体上按一顺一丁用石灰浆砌筑，六个转角设倚柱，壶门以上砖砌阑额，高 14 厘米，出一层砖

///// 2003 年 12 月方山出土的残件

///// 龙舌（右三）上宽 6.5cm，长 7cm，尖宽 3cm

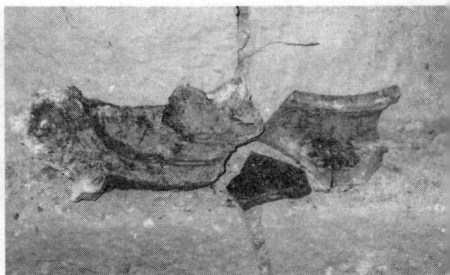

///// 2003 年 12 月 7 日，方山双塔北塔（阜云）堆积层 1.35 米出土的塔刹（右）和塔角残件

枋后，用二层菱角牙子叠涩出檐，用石灰泥浆和纸筋石灰浆面进行粉刷。塔体面层砖块破损面达 40%，第一级一面有盗洞已做临时修补，腰檐叠涩、叠涩转角仅剩一两处。壶门富有艺术性，有矩形、椭圆形、贝叶形，以矩形为多，布置无规律可循。瓦面饻脊位置略有起翘，高约 10 厘米，出际约 5 厘米，现仅存少量规格杂乱的土青瓦可寻，塔周堆积层发现勾头滴水和筒瓦残件，塔顶屋面已塌，塔刹无存。

阜云（北）塔，南偏东 40 度，体量和南塔相当，形制相似，做法相近，损坏程度比南塔严重。底级塔体边长 1.2 米，级高 2.55 米。自下而上逐级递减至第五级边长 1.2 米，级高 1.33 米，残高 9.5 米。塔基块石叠层以上砌五层，总高 1.3 米方整条石，部分条石风化，整体无沉降现象，四周堆积层厚 0.7 米，塔体砖砌筑方法无规律可循，转角无倚柱，壶门以上砖砌阑额高 15 厘米，出二层叠涩砖后，用二层菱角牙子砖叠涩出檐，至转角位置略向上翘，用砖规格与南塔相近。塔体面层砖块破损 1/3。塔体北角第四、第五级坍塌，腰檐叠涩，北角腰檐转角均已坍塌，深入塔体。

北塔壶门形状基本相同，有的壶门已残缺。瓦面已无存，塔堆积层发现勾头滴水和筒瓦残件，塔顶屋面已塌，塔刹无存。

///// 2003 年出土，存方山寺

///// 双塔（南）鱼头状构件

二、修缮措施

南北两塔自清代重修后，又曾多次维修，塔体用砖规格繁杂，特别北塔风蚀严重，存在着坍塌隐患，亟须采取措施对其进行施工加固修复。根据《文物保护法》和《中国文物古迹保护准则》，遵照"保护为主，抢救第一"和"不改变文物原状"出发，对双塔实施修缮加固工程。

1. 塔体

首先，分别对塔体进行修复，剔除已风化或残缺不全的塔砖和石灰缝，仿制同规格 33×13.5×5.5 厘米塔砖，用混有强力黏结力的石灰浆进行嵌补。

其次，由于塔面从上到下许多地方坍塌，深浅不一，会造成贴补的面砖层与原有砖体因受力差异而造成隔层，年久会逐渐出现分离坍塌。须在每层腰檐以上，盖瓦以下紧贴塔体处用 6×60 热镀锌防锈扁钢设两道腰箍，作为持力层，使整个面层重量分散到四级腰檐层上。壶门按原制修复，叠涩出檐用两层 26×12×13 厘米砖做菱角牙子，腰檐部位用 27×13.5×3 厘米砖平砌。

2. 粉刷

新砖砌面按 1:1:6 混合砂浆、纸筋灰浆面、石灰水三遍进行粉刷，对早期比较完整的粉刷层面做保留原状、少量剥落的可修补复原。

3. 瓦面

按遗存的筒瓦、勾头、滴水规格之形制，仿制修复。勾头饰兽面纹、滴水饰双如意，筒瓦规格 10/2×20 厚 1.5 厘米。

4. 塔刹

采用缸质材料，表面上灰色釉，力求与瓦面颜色协调。

三、防护工程

1. 南北两塔位于文笔、华盖之顶，周边地势陡峭，有的塔体 2 米以外就是杂草丛生，树枝横空的陡坡。有的树木根系深入塔基，对塔体造成威胁。为此，准备增设石构围栏，地面铺砌地坪石散水，栏杆外过于峻陡处用浆砌砖块石护坡。同时，沿山坡地势铺设石阶，便于游人登高览胜。

///// 2004 年 2 月 29 日方山

///// 千佛砖（残片）
菩萨坐像，背饰焰光
高 8.6cm，广 6.4cm，斜长 9cm

///// 2003 年 10—11 月，阜云
（北）塔基外堆积层出土的铭
文砖

2. 从现状看，两塔均遭过雷击。为防雷击，在每座塔顶安装一根避雷针，从塔刹引入暗设入地。为保安全，要求定期进行检修，以保证避雷针使用安全可靠。

重修后的紫云（南）塔，高 12 米。其中，第一层高 2.25 米（塔基至檐）。第二层高 1.65 米，第三层高 1.65 米，第四层高 1.6 米，第五层高 1.55 米。第五层檐至塔刹尖高 3.3 米，避雷针高出塔刹 0.8 米，地下接钢筋长 30 多米，从西向东南，再接横向自东向西 1 米多长的钢筋一根，成丁字形埋设地下。

阜云（北）塔高 12.45 米，其中，第一层高 2.15 米，（塔基至檐），第二层高 1.8 米，第三层高 1.8 米，第四层高 1.7 米，第五层高 1.7 米，第五层檐至塔刹尖高 3.3 米。避雷针高出塔刹 0.4 米。二至五层相邻处加 6×6 角铁箍以加固。西面加紫铜避雷针，自塔基向东南接 30 多米长钢筋一根，再东西向接横长 1 米多钢筋，成丁字形埋设地下。

塔相对壁径 3.87 米，檐相对径 4.47 米，壶门高 0.56 米。旧砖长 32.5 厘米，宽 12.5 厘米，厚 5.5 厘米。在宽 12.5×5.5 厘米处镌阳文"咸丰辛酉（1861）"四字，每字广 2.5×2.5 厘米。一部分砖无文字，砖型号有三种。新砖涩角砖斜角现用电锯切成，长 32.5 厘米，宽 12.5 厘米，厚 5.5 厘米，重 9 市斤，大部无文字。部分新砖在修砌时贴上白纸黑字"公元 2003 年 9 月重修""癸未年黄岩造""黄岩方山双塔修缮委员会"字样，凿成阴文。重修时一部分朝塔体内，一部分朝外。

塔基五层条石叠砌、底部 1～2 层每层高 30 厘米，3～4 层每层高 27 厘米，第五层高 21 厘米。每石长 87.95 厘米。塔基边长 3.7 米。

在 2003 年 10—11 月整修双塔时，曾从厚 1.3 米的堆积层中出土一批旧残砖、勾檐、滴水、筒瓦等：

阜云塔旧砖：镌阳文"咸丰辛酉"（每字 2.5×2.5 厘米）、"曹司周""任元华""施砖共一""砖共一千片"。一长 26 厘米、宽 11.5 厘米、厚 4.5 厘米。砖边镌"张显智舍钞十一定"等字样。勾檐残片上镌兽面或草纹图案。直径有 13.5 厘米、15.5 厘米、10.5 厘米。兽面像较少。另一部件上径 16 厘米，中径 20 厘米，下径 17 厘米，上有 8 条陇起棱（7 条沟）的砖质构件，状如诸葛亮所戴的瓦楞帽。另有二件龙舌状和瓦楞帽状之物，龙舌状色黑，瓦楞状色黄等不同年代的构件。

阜云（北）塔，勾檐以兽面像为多，径 10.5 厘米，菊花形直径 15.5 厘米，滴水横径 15 厘米、中径 5 厘米，龙舌上宽 6.5 厘米，尖宽 3 厘米，长 7 厘米，中间有波状沟，从舌根通往舌尖处。左右各有两条沟纹，背面平，往内略成弧形，整条舌往上略翘。同时还出土"千佛砖"残砖一角，上有佛像和宋紫砂碟一口及多块残片，及一比今大约三倍的筒瓦。出土的砖瓦，笔者于 2017 年时捐赠给黄岩博物馆收藏。

双塔历经百余年风雨侵蚀、人为破坏，已岌岌可危，至 2003 年重修前，南塔南偏东 25 度。以菱角牙子叠涩出檐，每级各面设矩形、椭圆形、贝叶形壶门，以矩形为多，壶门内无佛像。底级塔体边长 2.12 米，级高 1.97 米，自下而上逐级递减，至第五级边长 1.24 米，级高 1.24 米，整塔残

///// 2001 年 2 月 2 日阜云塔

///// 2001 年 3 月 9 日紫云塔

///// 2002 年 6 月阜云西北面

///// 2002 年 6 月阜云塔

高 9.10 米。塔周堆积层厚约 0.60 米，底部石块垫层上顺砌四层长度不一整条石，高 1.10 米，无沉降现象。塔体面层砖块破损面积约三分之一，第一级有盗洞。腰檐叠涩转角 2—14 级仅存部分，塔砖按一顺一丁用石灰浆砌，六个转角设倚柱。壶门以上砌阑额高 14 厘米。出一层（第一、二级出二层）砖枋后，用二层棱芽角子叠涩出檐，用石灰泥浆底，纸筋石灰浆面粉刷。塔顶屋面已塌，塔刹无存。第五级北角坍塌，其余四面面层破损达 40%。第一级一面之盗洞，已做临时修补，腰檐叠涩，叠涩转角仅剩一二处。壶门富有艺术性，有矩形、椭圆形、贝叶形，以矩形为多，无规律可循。瓦面戗脊位置略有起翘，高约 10 厘米，出际约 5 厘米，现仅存少量规格杂乱的土青瓦可寻。塔周堆积层发现勾头、滴水和筒瓦残件，塔顶屋面已塌，塔刹无存。

北塔南偏东 40 度，体量与南塔相当，形制相似，做法相近，损坏程度比南塔严重。底级塔体边长 2.15 米，级高 2.55 米，自下而上逐级递减至第五级边长 1.20 米，级高 1.33 米，整塔残高 9.50 米。塔北面堆积层厚达 1.30 米，有的堆积层厚 0.70 米，无沉降现象。塔基底部由小石块瓦砾为垫层。上砌五层总高 1.30 米的长方整条石；第一、二层每层高 30 厘米，第三、四层每层高 27 厘米，第五层高 21 厘米，每条石长约 8.7～9.5 厘米，部分条石风化较严重。塔体砖砌方法无规律可循，转角无倚柱，壶门形状与南塔相同，有的壶门已残缺，瓦面已无存。壶门以上砖砌阑额高 15 厘米，出二层叠涩砖后，用二层菱角芽子砖叠涩出檐至转角处略向上翘，用砖规格与南塔相近。塔体面层砖块破损三分之一，塔体北角第四、五级坍塌，腰檐叠涩。北角腰檐转角均已坍塌，深入塔体。堆积层发现勾头、滴水和筒瓦残件，塔顶屋面已塌，塔刹无存。由于塔体周边地势陡峭，2.5 米以外就是杂草荆棘丛生的陡坡，树枝横空，根系深入塔基，对塔体造成威胁。近年外来人员增多，有些人在塔上刻字留名，损坏塔体，特别塔体西北面损坏严重，自下而上有 40% 坍塌。

　　双塔重修时，首先剔除塔体已风化或残缺不全的塔砖与石灰缝，仿制同规格 33×13.5×5.5 立方厘米塔砖，用混有强粘结力的石灰浆进行嵌补。每层腰檐以上，盖瓦以下紧贴塔体用 6×60 热镀锌防锈扁钢设二道腰箍，作为持力层，使整个面层重量分解到四级腰檐层上。壶门按原制修复，叠涩出檐用二层 26×12×13 立方厘米砖作为菱角芽子（斜角用电锯切割），腰檐部位塔体用 27×13.5×3 立方厘米砖平砌。对早期较完整的粉刷层面保留原状，少量剥落的可修补复原。新砖砌面按 1：1：6 混合沙浆底，纸筋灰浆面，石灰水三遍进行粉刷。 瓦面按遗存的筒瓦、勾头、滴水规格之形制仿制修复，对瓦面进行修复。勾头饰兽面纹，滴水饰双如意纹，筒瓦规格 10/2×20，厚 1.5 厘米。塔刹采用五只蝶形、葫芦形、缸形，表面灰色釉的缸质材料组成。为防双塔遭雷击，在每座塔中安装一根紫铜避雷针，从塔刹引入地下，与长 30 多米钢筋焊接，由西向东南方向，在钢筋末端接一约一米多长的钢筋成丁字形埋设地下。并要求每年雨季前对避雷针功能进行一次详细检查，以确保实用安全可靠。

　　修复后南塔（紫云）高 12 米。其中第一层高 2.25 米，第二层高 1.65 米，第三层高 1.65 米，第四层高 1.6 米，第五层高 1.55 米。塔刹高 3.3 米，霹雷针高出塔刹 0.8 米。北塔（阜云）高 12.45 米。其中第一层高 2.15 米，第二层、第三层同高 1.8 米，第四层、第五层同高 1.7 米，塔刹高 3.3 米，避雷针高出塔刹 40 厘米。

　　为加固对双塔的保护，在塔基周铺设地坪石以散水，增设石构围栏，石栏外山体陡峻处采用浆砌块石护坡。在距塔身 3 米多处立三根各安有三盏计 5400W 的投光灯，并在南塔北坡，北塔南坡铺设石阶。

　　在此次双塔修缮中，笔者发现北塔厚达 1.30 米堆积层下，距今塔基 2.20 米处有一长 3.70 米、厚约 0.45 米的残存塔基石。在发现时，大部分块石已被撬落崖下，经及时阻止，才在原处留有部分块石，笔者及时拍了照相以作纪念。按今塔对壁距离为3.87米，加外距两面各2.2米计，古塔对壁距离应为8.27米。塔级数一般都为单数，为何章雄飞诗中却出现"双塔攒空十二层"，乃是一谜。

在北塔出土的有青黑色32.5×12.5×5.5厘米砖，面镌有阳文"咸丰辛酉（1861）"四字，每字广2.5×2.5厘米等三种形制的残砖。有部分黄色残砖长边镌阳文"曹司周""任允华""施砖共一""砖共一千片""张显智捨钞十一定""任允诚同弟任允华施砖共一千片""任宗礼并妻牟一娘共三百片""黄申为考妣二亲捨五百片"和佛像、残砖、龟等字和径10.5厘米黄色兽面纹勾檐为多。亦有径15.5厘米菊花形勾檐，15×15厘米滴水黄色长7厘米，根部径6.5厘米，尖处径3厘米龙舌状残件，该残件从舌尖往舌根有5条波状沟纹。舌略形弧状，舌尖微翘。还有黄黑色小陶碗、瓷碗残片。鱼头状戗脊残件。

在南塔出土有径13.5～15.5厘米的黄色勾檐，以菊花图案为多，亦有少数青黑色径7～8厘米的兽面纹构檐和黄色瓦楞帽状残件，上径16厘米，中径20厘米，直径17厘米，中间有7条沟纹。在双塔均发现有"都乾"二字的塔砖，此砖与县府西发现的"监所""都乾"砖同一形制。据推测众多塔砖，与山下瑞隆感应塔始建时间应不相上下。

永宁山双塔记

永宁山东障大海镇吾邑，山有紫、阜二峰，高矗云端，士人每望霖，以云含二峰为喜候，故二峰咸蒙云名。而堪舆家以兹山得二峰为奇。宋南渡来，塔涌其巅峰，益奇。余尝考论往昔吾乡朝野人文，率以有塔时为盛。塔之坏距今六十余年，六十余年间作者间有而前盛殆邈乎，若难为继矣。士人往往窃咎塔。当事者率谓地道微。因循不果复迄今。巡按监察御史江右张公科主其议；

谓姑徇诸生之请，庶作之使励也。乃命邑长吏镇江曹子悦司其计，爰度于众，属司训宿迁潘子台董其役。未越岁工告竣，时维暮商余，从宾朋，振衣千仞，观厥成焉。

计高各凡五丈有差，趾广称之。余乃酹酒峰前，祷于兹山之灵曰："嗟夫！申周桢也，岳实降之，古称山川有冥施焉。在昔峰冠塔时，吾乡人文之盛，进而鸣玉杨于廷，则济济乎尊主庇民之硕，逯而被褐贲诸野，则彬彬乎惇德立言之髦宁，独繁科目荣簪绂已哉。我愿山灵自今孕毓贤哲，必求如书传所称，元恺其人者，绳绳兹土，作我明桢，用光前盛。其或杂以不类，间挟末技，猎宠荣，操权力，恣轺轹者愿山灵为我驱之，除之。毋俾梼杌饕餮于兹土，永作灵羞。"于时同游诸君壮予言之善激也。举杯相挖，乐甚。遂假榻双云庵，其夕神见梦焉，若曰："君言良伟，殆不尽然欤！夫人，天神之，地形之，义生母育之，亲长常视之。师友熏陶之，其归则尤存乎其人焉，君奈何独责诸太始。"予拜稽首，谢不敏。既寤，髹栝其语附于石。

中宪大夫云南大理府知府邑人蔡绍科篆额

奉议大夫江西吉安府同知邑人陈炼书丹

赐进士第、奉政大夫山东提刑按察司金事，前南京工部营缮清吏司郎中，奉敕督理长江芦州在告邑人王铃撰文。

嘉靖四十四年已丑仲秋

承德郎浙江台州府通判署邑事盱眙李河图

黄岩县县丞　王珣

　典史　李大乔

　教谕　黄芳

　训导潘台　丁诰

　生员　张存□张凤、叶时亨、赵显敇同立石

碑在方山寺门右，高广未测，篆额六字与题同，文二十九行，行三十字，两面俱刻。今佚。

案：题篆额、书丹人列记前撰文人列记后，殊不一例。

蔡绍科，字宏哲，西门人。

陈炼、字世重，嘉靖十年举人；张科湖口人；曹悦丹徒人；王珣，吴江监生；李大乔，云梦人。

王铃，号九难，宁溪人，嘉靖丁未进士，初授宜兴知县，陞南京工部主事，山东按察司金事。

《黄岩县新志》

///// 始建年代不详（"不"字，后加）。为六面七层（应为"五层"）砖塔。南塔高 10.18 米，北塔高 10.1 米。塔基为三层条石砌成的须弥座，叠涩出檐，每面均设券门。双塔高耸九峰之巅，"双塔插云"为九峰十景之一。2004 年 11 月重修

水口石塔

　　水口石塔在县城西40里的茅畲乡浦洋村大田山东坡九溪水口山岗上，俗称"将军塔"。石塔背山临溪，九溪上有大澧、小澧两源，溪水清澈可鉴。塔东北下方建有明正德间（1506—1521），牟西崖等为纪念南宋抗元英雄文天祥、杜浒、牟大昌、牟天与、张和逊、吕武、胡可文

///// 水口石塔重修前

///// 水口石塔重修后

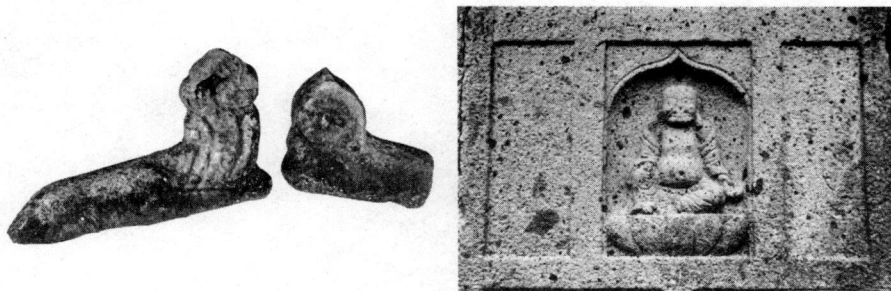

///// 石雕、石塔构件，与方山双塔出土似鱼头构件相仿

七人的将军庙（英武庙）。清嘉庆五年（1800）四月重建。

据茅畲《牟氏宗谱》载，塔于"明嘉靖丙申（1536）僧募建"。而《黄岩县志》载："明万历四十四年（1616），由里人牟应魁等同族公建。"（《光绪志》）两种不同记载孰是孰非，难以考证。今在石塔东南处的佛像左镌"太邑（温岭）马怡泉造"字样，尚清晰可见，但佛像右所镌的纪年已漫漶不清，实属遗憾。

水口塔高 10.6 米，是黄岩仅存的仿楼阁式结构的石塔。2006 年 10 月未重修前，塔体保持基本完整。由于采用石料质地松散，表面风化严重，有的雕像已模糊不清，部分腰檐，特别是角料上部出檐和第五层屋面已残脱落或歪闪破损，塔刹已发生移位倾斜和裂缝，缝内已有灌木生长。

石塔由基座、塔身、塔刹三部分组成。基座高 0.85 米，底边长 1.3 米，上边长 1.42 米，每面下部高 70 厘米，为圭脚雕刻。中部六面采用浮雕手法，刻有麒麟吐珠、火焰神兽、蜂猴、鹿、鲤鱼跳龙门等画图。合角处雕竹节形，具有明代的雕刻特征。上部用一厚 15 厘米枋石压顶做塔座。

塔身为五级六面，一层边长 0.9 米，塔身高 1.55 米；二层边长 0.88 米，塔身高 1.55 米；三层边长 0.88 米，塔身高 1.55 米；四层边长 0.85 米，塔身高 1.55 米；五层边长 0.84 米，塔身高 1.25 米。第五层有六

（三）未修前外貌

戗角突然高昂，并各挂一只风铎。石塔每面采用剔地起突的雕刻手法，凸现出平座、勾栏、倚柱、壶门和栏额，上置一斗三升三踩附壁拱，每面由一组平身科和角科承托石板腰檐。每面壶门高46厘米、广31厘米，内均雕有肉髻螺发、面目慈祥、结跏趺坐于莲台上的佛像。也有净发身披袈衣、形容各异的罗汉。还有头围玉带的官人。他们形象生动逼真，栩栩如生。像左右及下方镌有"牟××奉"及其他乐助者姓氏，部分字迹尚清晰可见。塔刹自下而上，由复钵、束腰、露盆、宝珠、相轮等组成，最上以葫芦收顶。塔刹为葫芦状石构件：高55厘米，底径32厘米。

圆鼓状石构件，高 15 厘米，上径 43 厘米，底径 45 厘米。小六边形石构件高 18 厘米，上边长 28 厘米，底边长 31 厘米。大六边形石构件高 33 厘米，上边长 23 厘米，底边长 25 厘米。梯形石构件高 33 厘米，上边长 23 厘米，底边长 25 厘米，由六块拼成六面。塔上檐六面，每面斜长 68 厘米，其中五面上有径 5 厘米和径 3 厘米圆孔两只。唯西北一面有一径 5 厘米圆孔。下檐斜长 43 厘米。塔心用块石垒砌，距塔面空 6 厘米，每面用蚂蟥钉互扣、并加胶（改性环氧树脂胶）固定。原塔檐翘角安有的风铎因年久而风蚀。整体端庄稳重，粗犷简洁，体现出石构建筑的风格特征。

石塔构件相互之间的连接采用凹凸榫卯拼合，蚂蟥钉固定，石灰浆粘接方法。由于年代较久，蚂蟥钉锈蚀，失去牵拉作用。石灰浆普遍脱落，相互间凝结力丧失，构件间缝隙遍布。塔西侧群众开垦种植已到塔边，降低了塔基和塔体结构的稳定。由于石塔处于山冈之上，个别群众缺乏文物保护意识，基座和一层塔构件有被砸痕迹。

为了保护水口石塔，坚持不改变原状的原则，2006 年 10 月，黄岩博物馆主持对石塔采取原状整修和防护加固措施进行保护性修缮。工程

///// 一层塔檐损坏情况

///// 石塔须弥座损坏情况

///// 石塔须弥座

由浙江东阳市古建园林设计有限公司设计修缮方案，黄岩第四建筑安装公司施工。2006年10月14日，开始搭架，10月17日开始动工修理，至2006年11月18日竣工，历30多日，耗资43000多元。

　　维修时，对塔体表面风化的构件，按目前情况保持现状，对开裂或可拼接的石构件，采用改性环氧树脂胶粘接修复，对旧歪闪的石构件和腐蚀的蚂蟥钉重新制作，并采用混合砂浆填补缝隙，达到交缝饱满、均匀，接缝严实牢固。对塔顶和腰檐的填缝掺入防水剂，以防雨水再渗入塔体。为防草木生长，加入六嗪酮粉剂进行防护。同时，重配6只铁制风铎。

　　1982年2月23日，黄岩县人民政府公布为县级文物保护单位。

　　2011年3月，浙江省人民政府公布为第六批省级重点文物保护单位。

///// 塔刹构件块合成一六面状

///// 塔刹构件

///// 葫芦状塔刹

///// 塔角风铃铁环遗物，
重修后未装上风铃

///// 塔脊，上各方都有 1 圆孔，唯一方有 2 只

///// 塔心（内）由石块自下至上拢六面垒砌，
各方与塔面石板用蚂蟥钉相扣，钉扣处用石
灰加固。在重修时原腐蚀铁钉被换，用化工
原料环氧树脂胶和无水乙二胺混合加水泥胶
合加固，在塔刹各构件相接处亦用此物加固

金鸡宝塔

///// 金鸡宝塔

在断江山头舟浮桥（断江浮桥）南岸。塔高 1.08 米，塔底座六面，高 0.2 米，上镌字迹不清。底层六面，高 0.22 米，每面镌刻"佛"字，上两层由椭圆和圆柱组成，高 0.32 米，塔刹形似倒扣碰钟，高 0.34 米，上镌"金鸡宝塔"四字。据浮桥管理员述，该塔从下游渡头槽移此，已有 300 多年了，该塔当在明代。旁有"浮桥碑记"碑一方，因年久风化严重，字迹不清。

浮桥金鸡宝塔 2014 年 8 月发现在头陀街虔存艺术博物馆展厅内。

///// 浮桥南岸重修浮桥碑（中）、金鸡宝塔（右）、浮桥铁索的石质系桩

纪念塔

奚继武纪念塔

　　塔在黄岩师范音乐楼水池旁（今黄岩实验小学院内），石质，高228厘米，其中顶高32厘米，塔身高196厘米，正面宽31.5厘米，左侧石宽36.5厘米，右侧石宽35.5厘米。正面上有奚继武先生瓷像，下篆书"奚继武先生纪念塔"八字，左右两面直镌楷书碑文，为朱笑鸿先生所书，末署：中华民国二十一年（1932）十月黄岩县女子师范讲习所教职员及全体同学立。铭文如下：

　　奚肖甫，名继武，初名允昌，世居黄岩北乡之北洋村，少时颖悟，

///// 奚继武纪念塔

读书异凡辈，里之长者恒异之。迨入中校、通科学、好体育，精音乐，时人以君多艺也。至有才子之称。继而肄业斐迪，君特精通英文。致融中西学于一炉，而用心亦良苦矣。其入大厦校也。值沪上"五卅"变起，国民集议反抗，君抱不平之志，任奔走之劳，卒之力竭呼号，事多掣肘，君则叹人心之不振也。泣然曰："欲救国难，须救人心，非改革教育不为功"。逾年毕业大厦大学，慨然返里，任中校长兼长女师，擘画周详，心身交瘁，数年来成效昭著，以为学界表率。其于师校辞薪金，造舍宇、夙夜在公，退闲日鲜，其勤于职责也如此。今夏冒暑赴京沪考察教育，兼习暑童军，竟染疫而殁。惜乎！天不假年，未竟其志，致令教育界失一巨子，伤已！妻马氏，子二，长辅麟，次辅鹤；女二，长杏琴，次幼琴。

印心曰：余闻之乡人，君居乡时，见亲姻婚丧急难，每赖其施以济，下至佃户舆台，亦必委曲资助，以养其贫。里人闻君之逝，至有泣下者。观乎尽心教术，行宜可风，为有古君子慷慨之风流矣！

诚充其志所就，何可量也，惜哉！爰约以铭，铭曰：落落塔山、苍苍江水、灵气所钟，乃孕巨子，现居士身，说人天理，绵暖德行，渊源经天，名在里闬。人倾风谊，天不永年，未竟厥志，勒之石幢，昭垂来世。

中华民国二十一年（1932）十月，黄岩县女子师范讲习所教职员及全体同学建立。

按：奚墓在九峰桃潭南，1959年墓被平，上建"留春亭"。奚桥原跨桃潭，后改为三曲石桥。

奚继武（？—1932），字肖甫，初名允昌，黄岩头陀北洋人。少聪颖，民国15年（1926）大厦大学毕业。次年任女子师范讲习所所长，两年后兼任黄岩县立中学校长，办学成效昭著，民国二十一年（1932）7月赴沪考察教育，染疾而殁，同年10月，全校师生特立碑于校园，以志纪念。

灵山乡六二八抗敌阵亡烈士纪念塔

该塔在蓬街杨府庙前，为纪念1945年6月28日新桥灵山乡民众自发奋起抗击日寇而壮烈牺牲的七位烈士而建。

1945年6月28日上午，一股从泽国向海门败退的日寇，流窜到蓬街（原称灵山乡）小伍份等地，所到之处烧杀掳掠，强抓民夫、奸污妇女，他们的暴行遭到当地自卫队的有力反击。在激烈的战斗中，击毙敌寇六七人。由于敌众我寡，敌寇武器精良，我方自卫队员王克荣、陈庆玉、王子秀、沈享法、罗普汉、王章德、罗国庆7人壮烈牺牲。这次战斗，参战自卫队员共31人，牺牲7人，负伤8人。

当日下午，乡政府立即组织安排善后工作，筹款安葬牺牲的烈士，医治受伤战士。一面呈报县政府，在灵山乡政府前竖立纪念塔，县长周俊甫题"灵山乡六二八抗敌阵亡烈士纪念塔"，乡民代表主席罗楚客作碑文。

僧墓塔

碧峰微禅师塔

在方山寺内右南坡上，石质，高147厘米，底圆鼓形高18厘米。二层高41厘米，上镌："临济正宗三十三，清塔、世碧峰微禅师，监院明高立"，分四行直书。"清塔"二字分开距离较大，"清"字比二三行最后一字低半格。第一字高半格。"塔"字比二三行最后一字低半格。三层高41厘米，镌佛像，檐高14厘米，上饰正葫芦形塔刹，高33厘米。另小塔下层高35厘米，檐高35厘米，刹高45厘米，无字。

圆柱高53厘米，上径20厘米，下径22厘米，腰围85厘米。左翁棺高110厘米，由盖和缸体组成，中腹周长254厘米，缺顶盖。以上各种石件被茶场作坎石垒，近发现后移入南坡。还有六边形石质基座一块，高35厘米，径85厘米。

///// 碧峰微禅师塔

注：瓮棺，古代葬具，在新石器时代至汉代较为流行，一般用以埋葬幼童，僧尼圆寂后也常用瓮棺。瓮棺一般高114厘米，（顶盖高45厘米）上有塔刹形小盖，约10厘米。腹径77厘米，外壁上下各有6幅纹饰，有的饰佛像及祥禽、花木。黄岩出土较多，如松岩寺（前寺）3口，江口项岙、宝严寺、东岙大仁山景德寺各一口，北城岭家坪坛华寺一口最完整。

瓮棺及其他墓塔

///// 上图自左到右：
① 瓮棺：高 110 厘米、腰周 254 厘米
② 圆柱：高 53 厘米，上径 20 厘米，底径 22 厘米，腰周 85 厘米
③ 碧峰微禅师塔，见上
④ 无名塔：塔刹高 45 厘米，檐高 35 厘米，底座高 35 厘米

///// 石基座：六边形，径 85 厘米，高 35 厘米，周饰复莲。上部未详。20 世纪 60 年代筑高山水库时，许多古墓被毁，有的被埋水库下，有的压在茶园内

永宁堂僧墓塔

在今新前镇（原屿下乡）西岙村西北半山永宁堂旁僧墓前，坐东朝西。由塔基、塔身、塔刹组成。六面石塔，高 1.83 米。塔刹由四层大小不同的相轮组成葫芦形。高 14 厘米，五圈至顶。底层高 40 厘米，每面镌铲形龛。第二层砌筑瓦面檐口，设转角倚柱与壶门。塔东北角镌：

///// 永宁堂僧墓塔

"清故比丘上妙下华光老和尚之塔。"塔南面镌："重兴永宁堂上宗下湛辰老和尚之塔。"塔南面镌："补兴永宁堂上妙下机贤和尚之寿塔。"塔西南面镌："永宁堂比丘上圆下茂永禅师之寿塔。"西北角镌："永宁堂比丘上圆下成道禅师之寿塔。"下面石栏镌铲状形石龛。第三层砌筑瓦面，以上镌有"南无阿弥陀佛"六字，分布六面。

塔后僧墓高 1.55 米，宽 1.09 米。墓由石板、青砖相叠砌筑，外壁涂刷传统沙灰。墓碑字迹风化严重，尚可见"道光□年，比丘本贯敬立，张□隐谨识，梅映沐手敬书"等字样。20 世纪五六十年代时，这里可看到较多的僧墓塔，被称为"塔林"。清、民国时，僧人圆寂后都归葬于此，可见当年寺院之兴旺。

永宁堂始建于唐，旧时曾兴旺一时，堂前溪水潺潺，古石拱桥高卧溪上，山上有五马峰和石臼。古有"十八具捣臼画岩得"的说法，西岙就占有石臼三具。

五峰比丘心开墓塔（残）

///// 康熙二十二年（1683），
岁次癸亥奉比丘心开徒宗锡
募建，接引往西方

///// 石刻："清嘉庆拾壹年（1806），住持僧所受重建"。出处
不明，高广未测。在方山五峰。

窦庵若禅师塔

　　在瑞岩寺内，青石质，高70厘米、广53厘米。四面（大）各高66厘米、广44厘米，四平角广约9厘米。正面镌："传临济正宗第三十三世当山窦庵若禅师塔。"分2行，每行9字直书。余各无文。上下所置六边形构件，疑不是同物。

法轮寺明然和尚之塔

嘉庆庚申（1800）孟冬阳月建立
重兴嵩岩法轮寺明然和尚之塔

卓锡嵩峰奇翠微，冰心一片导群机。
化缘已毕归常寂，皎月祥光天地荤？

孟冬　偶笔

塔已毁，残存一级六面石雕。

"涅槃拱秀"墓塔

塔在江口项岙九龙山与宝严寺相距300多米处的路边，系僧定透墓塔，传此地有僧墓多座。

墓塔石质，六级六面，占地面积2.5平方米。高120.9厘米，建于清嘉庆六年（1801），由塔基、塔身、塔刹组成。底层高35.3厘米，二一五层高51.2厘米，中镌："兔角岂挑海底，龟毛绳缚山头口。"左镌："傅天宇正宗叁拾柒，定透之墓，师徒本清、本口。"分3行直书。右镌："峕大清嘉庆陆年（1801）岁次辛酉腊月吉旦。"分3行直书。其余三面均无字，第二层高5厘米，六面各镌 ⊏⊐ 图形，第三层高20厘米，第五面镌有琴等图案。中镌"涅槃拱秀"，左镌：鹿、荷。右镌：蝙蝠和 ⊏⊐ 图。另一面未镌图像。第四层：高8.2厘米，三面镌半圆、方形图，第五层高18厘米，三面镌琵琶图，塔刹覆葫芦形和上檐高34.4厘米。

///// "涅槃拱秀"墓塔

广严寺僧墓塔

///// 广严寺僧墓塔

广严寺（院），在茅畲乡西岙。唐乾符年间（874—879）创建，宋大中祥符元年（1008）赐额。相传僧大云置山，以便乡人采樵，遂称义山。寺原有田91亩，地52亩，山90亩。

寺（院）在"文革""破四旧"时废，后在原址建学校，现为村办公用。今在寺址西新建三间三层楼房为寺房，进行佛事活动。寺内存有康熙四十八年（1709）九月浙江等处提刑按察使司分巡宁台道参议加三级胡承祖赠中兴广严院继灯法师的"地人灵杰"匾一方。

2006 年 4 月，在寺山门遗址前发现一墓塔残件。残件呈鼓形，高60 厘米，径 58 厘米，中空。在一高 40 厘米、广 25 厘米处镌一莲叶形佛龛，中镌一身穿袈裟，左手平放胸前，右手裸露，脚踩莲盘的雕像。其背面有一长方形缺口。檐式塔顶高 30 厘米，檐径 40 厘米，下有一高7 厘米石榫与塔体相承接，塔刹已毁。残塔无文字记载。

志载　明余栋隆游广严寺诗：

觅胜登初地，清幽独处妍。

风翻松韵古，露滴石苔藓。

屋老云分榻，庭间鹤共禅。

悠然尘想息，无事别求诠。

已湮没的古塔

青山寺塔

在县东 25 里，大鹤山青山寺前，周景德（1004—1007）年间建，今圮。（《光绪志》《民国·黄岩县新志》）

笔者曾于 2000 年、2005 年去实地了解，2013 年 5 月 3 日又与挚友吴启泉、张夏生、李益、杨岳春等先生再次去实地了解。该山在今属洪家西山乡、与上辇项岙九龙山相连，塔于清光绪间圮于台风，塔顶被刮到山下溪谷中。几年来，搜集到十多件残件，经清理，现刊列于下：

///// 青山寺塔遗址

///// 青山寺（右）原大雄宝殿（平房、廊下有井）

///// 石高87厘米，广86厘米，厚约6厘米。
上镌联：□□晴□参天起，雪压危峰拔地高。
塔原在青山寺前龙头岩上，遭台风倾圮，
周景德间（1004—1007）建
注：周只有"显德"年号无"景德"年号。
"景德"乃宋真宗赵恒年号。

///// 执如意罗汉雕像联：风
摇宝铎传天乐，日映金轮闪佛
光。高105厘米，广90厘米

///// 弹琵琶罗汉，高72厘米，广110
厘米，右边似竹节雕刻，似水口石塔、
普福寺塔须弥座雕刻

///// 韦陀，高71厘米，下广
62厘米，上广45厘米

///// "大明万历九年（1581）孟秋
立"红日、荷、鱼水石雕，高80厘米，
广138厘米

///// 泗州大圣石雕，高43厘米，
广77厘米，厚6厘米，右框有"比
丘、助"等字，字迹已难辨

///// 喜鹊、猴石雕，高65厘米，广67厘米

///// 龙云水石雕，高70厘米，广65厘米

///// 师雕，高72厘米，广65厘米

///// 石雕、石塔构件 与方山双塔出土似鱼头构件相仿

附：①清王诗《青山寺诗》：

少年不到青山寺，却喜青山依旧青。

古余参天松已老，危溪架板我曾经。

陌壁留题苔藓没，头颅那得不星星。

②旗杆甲午："大清乾隆岁次癸未（1763）腊月"，高106厘米，广38厘米，厚10厘米。

③另有一残石，上镌：大清道光十八年（1838），高广未测。

定光观塔

在邑城西北定光观前。宋建炎年间（1127—1130）建，名西塔院，久废。（《光绪志》）

按：塔在塔院头豆腐店店柜下。2001年3月，塔院头、西街等西北片民房被拆建前，笔者曾访问当地几位居民。一说中华人民共和国成立后解放军曾驻定光观，挖水井时在地下挖到石板，见水溢出才未再往下掘。笔者曾去黄岩博物馆反映注意施工时有否发现，均无果。

无量塔

在县南四里，北宋时已有之。寺初为无量塔院，后为天长寺。《康熙志》元州牧白凯诗：无量塔边打一趺，十里春风送香雪。寺里沙弥未了经，月上三潭龙吞舌。（《乾隆志》）久废。

塔在假山之上，石质，高丈余，为祈祷迎春，以观十里梅花，宋朱日新、蔡范登焉。三潭指方山金鹅潭、雾露潭、白龙潭。"十里春风送香雪"句，有"十里春天送雪"之说。

委羽山寺塔

元代，建于委羽山寺西麓。

灵石寺东塔

在灵石寺大雄宝殿前东首。毁于清初，现仅存西塔。"明时曾有浮图二，藏舍利及贝叶等书"。(《光绪志》)

瑞相塔院

两浙提刑罗适曾有诗："招提临古道，窣堵压孤山。十里梅花树，都归一望间。"

荥池塔

在县南三里荥池中，不知所始，旧志云池废塔存。(《光绪志》)

鸡鸣塔

在县城北拱辰门（北门）外，利涉浮桥江岸，今澄江大桥西 30 米处，高一丈二尺，围相等，六面皆凿佛像，并鸡形，于石中贮《法华经》锡匣。相传术者言：桥形如蜈蚣，故多杀人。明嘉靖间（1522—1566）僧募建此塔以镇之，后仅存其半。清乾隆三十五年（1770）。杭人潘凤歧捐修。（《光绪志》）今遗址犹存。（民国《黄岩县新志·采访册》）

按：抗战期间，城内几遭敌机轰炸，民众往浮桥北岸乡下避逃时，塔被推入江中。

长潭塔

在县西长潭山礧上，系乌岩水口。（《光绪志》）

黄街山塔

在县东南 45 里黄街山，同治初邑人罗德润捐建（《光绪志》）、民国十二年（1923）圮于飓风。（民国《黄岩县新志·采访册》）

普同塔

　　据清《光绪黄岩县志》载，康熙十三年（1674）时，耿逆（耿精忠）入寇，阵亡尸骨遍野。增广国学生蔡允琦同弟庠生允璜出资筑普同塔于方山之麓，收暴骨484具入塔，延僧超度，俾忠魂有依。张令思齐以事闻，杨巡道应魁旌匾"高义作忠"，郡伯鲍复泰旌匾"仁风毓瑞"，给允璜匾曰"芳躅持风"，曰今之惠人。同治初，邑绅罗德润募收被难尸骸千余，分葬九峰山麓。（《光绪志·杂志·遮政》）

县城抗战阵亡将士纪念塔

在县城寺后巷文化公园游泳池北，上镌"七七抗战阵亡将士纪念塔"。详情佚考（今并入第一人民医院内）。

路桥抗战阵亡将士纪念塔

在前路桥中学大门西边 50 米处。四面，高 9 米，基座 2 米见方。白石块砌成，四周嵌有长石板，塔西（正）面刻有时浙江省政府主席黄绍竑隶书"抗战阵亡将士纪念塔"字样。另一面由台州专员杜伟题词、路桥举人任重写的柳体纪念文章，最后一面由水上警察局长陈普民题词（文俱失）。

重建唐门双塔记事

唐门双塔，在县城东北五里之拱东乡唐门山将军岩上，曰"文笔、文星"。宋朱熹提举浙东时，阅历黄岩诸胜，对唐门山情有独钟，曰："山之椒插双笔，则城中及第者出。"《黄岩县志》载："唐门山相传朱文公云：将军岩上插双笔，将军岩下泉泌泌，城中状元挨次出。"明万历七年（1579）袁令应祺建，后圮。清乾隆三十五年（1770），黄岩镇总戎孙廷璧、知县王憕及同官绅士重建。

///// 唐门双塔

///// 为重建唐门双塔，2006年7月，朱智勇先生闻讯后到黄岩区文化研究工程办公室捐资50万元，后又捐资100万元，共计150万元，精神可嘉。图为笔者向朱智勇先生（右一）介绍双塔情况

清同治七年（1868）邑人罗德润等重修。

1966年"文化大革命""破四旧"时，公社干部×××带领"红卫兵"开始拆塔，马鞍山村民一看，立即组织人马去拆另一座塔。这样，双塔被毁于一旦。生产队将拆来的塔砖砌畜牧场墙壁。同时被毁的有将军岩下的泰不华墓、崇节祠。从此，双塔仅遗残砖堆积层，不久长满了野藤杂草。

2006年春节，本人萌发了重建双塔愿景，深得长塘村老年协会赵福德会长、虞金福等村民的支持，并四处奔走呼吁重建唐门双塔。

2006年6月20日，黄岩区文化研究工程办公室成立。区文广新局局长任办公室主任，沈雷同志任副主任。在首次召开的会议上，笔者首先提议重建唐门双塔，并阐明双塔的历史，被毁情况，重建理由。经区政府领

///// 2009 年 3 月 12 日，朱智勇先生与黄岩区文化研究办公室成员在唐门山察看双塔遗址，左至右：於仙海、朱智勇、沈雷、金渭迪

导研究决定，把重建双塔作为"复建几处历史古迹"之一。并在 2006 年 8 月 1 日的《今日黄岩》报上刊登了林丹军副区长就黄岩历史文化建设问题答记者问和黄岩区文化研究工程工作计划。

2007 年，笔者建议长塘老人协会负责人赵福德、虞金福等，在将军岩下重建泰不华墓，请沈雷题写墓碑，重填崖上摩崖。黄岩区规划处领导屠石文等许多同志，十分重视双塔重建工作。12 月，省古建筑设计研究院出台了《黄岩双宝珠塔公园景观设计方案》。同年，省防疫专家朱智勇先生来区文化研究工程办公室表示愿为重建双塔捐款 50 万元。后又出资 100 万元，共计 150 万元，充分体现了朱智勇先生对家乡的热爱与关切，精神可嘉。

///// 塔成，笔者（右四）应朱智勇先生（右五）诚邀，参加合影

2008年10月13日,台州市黄岩区建设工程招标管理办公室举行了《黄岩双宝珠塔公园景观工程概念方案设计》及双宝珠塔重建工程（方案设计）设计招标会。2009年2月，省古建筑设计研究院又设计了一套《黄岩双宝珠塔公园景观概念方案》《黄岩双宝珠塔重建工程》（图册）。

2009年3月12日，朱智勇先生来黄岩，下午在金渭迪的陪同下，同区文化研究工程办公室副主任沈雷和鲍澄文、於仙海同志到唐门双塔遗址察看。

由于双塔遗址早建有高压线铁塔，严重影响双塔的重建，必须移掉。为此，从2007年开始，笔者多次与供电局陈辉、王××等领导和师傅联系，如何搬掉铁塔。2011年11月，铁塔被移向山岗东西两侧。至2012年初，高压线路的水泥柱及电线仍未彻底清除。至2016年，唐门双塔遗址才清理完成。

　　唐门双塔由浙江省古建筑设计院设计，标力建设集团公司承建，黄岩区老年体育协会主其事。于 2016 年 7 月 6 日动工兴建。至 2016 年 11 月 15 日竣工，历时四个月（133 天）。

　　重建后的双塔采取空心筒体类型砖混结构，为五级六面楼阁式建筑，高 16.9 米。须弥座、塔基为红砂岩石材，每层由平座、塔身、塔檐构成，塔身、塔檐均为砖砌，塔檐用菱角牙子叠涩出檐，上覆筒板瓦，塔刹为陶质宝葫芦。重建后双塔相距 22.8 米。

　　注：①唐门双塔，毁于"文化大革命""破四旧"（1967 年）间，被长塘、马鞍山两生产队社员拆去砌生产队牧场、仓库墙壁用。现有人提出被拆去砌炼钢炉用了，但要知道炼钢炉是在 1958 年"大跃进"全民大炼钢铁运动期间，时马鞍山农田上小钢炉林立，砖是澄江区各公社社员按户捐献的。"大炼钢铁""破四旧"两个运动相隔九至十年，用双塔砖去砌炼钢炉说法有误。

　　②有关"双宝珠"的称谓，有称崇节祠、唐门双塔、摩崖石刻等人文景区为"双宝珠"。笔者认为"双宝珠"之意思：古时在塔刹顶上放"宝珠"，也有人称为"定风珠"，称塔为"宝塔"。又指佛教徒用七宝装饰其塔，故名宝塔。因唐门山上有两座塔，两又称"双"，故唐门双塔俗称"双宝珠"。

重建唐门双塔记

王恺

　　予莅黄之初年，筑城、建仓、成梁、修学，土木之事未毕，志乘之役方殷，咨访流传，周览形胜，拟复唐门双塔而有待也。明年大总戎孙公复偈议兴修。予既承公命，为之《疏》矣，自念修废举坠，司牧者责也。奈何上烦公虑乎！

　　既而《志》事告成，遂出廉余，鸠工庀材，选吉兴事，三月而功竣，或曰：是举也，将取法前。令袁侯为斯邑科名计乎！余曰：

然，然非徒为是已也。居室者必建其户牖，高其闲闳，厚其屏蔽而后寝兴、适器用备，财贿充而礼义生，唐门之筑双塔也，扼邑之门户而为之锁鐍也。

夫，山川秀淑之气，迥薄盘亘，郁积而为人文、气散则精英不聚，不聚则耗而不登。民其流离而物莫与为蓄息。何有于才杰之挺生，何有于科名之盛事哉。是古先王之度地制邑也。相阴阳，观流泉、度隰原、视山陵川泽险阻之所在，而沟封之地、邑民必参相得也。《易》曰：裁成天地之道，辅相天地之宜以左右，民盖天地气化有所及，即有所不及，其不能不有赖于人力补裨者，理也。寒也，而为之钻火。暑也，而为之凿冰。而旸也，而之祈祷。吞蚀也，而为之鼓驰奔救。此天之所不足者、致力为尤难也。而著之经，垂之令，甲然。则水口无阻塞，邑城无艮峰、亦地所不足也。其能已于补裨乎。

塔二座、计五层，高五丈三尺，周广五丈一尺，上砖下石，凡用砖八万，石七十丈，土浆八百，工一千四百有奇。始于乾隆三十五年十一月十八日，讫工于三十六年正月二十四日。董其事者：绅衿韩澄，管绍舆诸人也。

王憕诗曰：

丹崖形胜地，众水下唐门。

双塔悬岩立，先贤旧跻存。

废兴关气运，代谢阅晨昏。

不但夸文笔，欣看生聚繁。

刘文蔚诗云：

唐门双塔文光萃，恰与方山双塔对。

一弯流水绕岩流，千尺翠屏遥送翠。

将军岩上插双笔，此语传从晦翁出。

贤宰当年雅好奇，不惜金钱双塔立。

谁知世事有变迁，一朝沧海成桑田。

文星匿采胜迹圮，后贤怀古空茫然。

岷山仙客苍溪主，民瘼关情百废举。

重见唐门宝塔辉，当途喜有同心侣。

从此光华烛斗牛，地灵人杰言非浮。

经文纬武英才显，何须投笔方封侯。

同治七年（1868）罗德润等重修。《光绪志》《黄岩县新志·名胜古迹》。

唐门行

清·牟浚

同赵襄云，孙范堂两生，皆好事，邀我同作唐门行。

唐门之行为谁作，怀贤梓里心怦怦。

白也山人起元代，射策丁年冠廷对。

入为言官有声影，出任民牧有膏沛。

独怜国运遭阳九，忠诚空抱尊亲志。

竭来殉节仍故乡，埋玉此间五百载。

唐山之山旷而幽，唐门之水清且冽。

生不能若东坡学士赤壁遊

洞萧呜呜吹清秋

又不能若士雅渡江手击楫

誓吞胡羯复神州

登高望远心悽绝，洋山青青海精出。

海精入海成鲸鲵，海埌从此多白骨。

山人奉诏屡督师，能文能武世莫窥。

儒将风流古来少，神勇况摄千熊罴。

已焚火筏落肝胆，畏威就扶夫何疑。

诅料渝盟同结赞，国士乃受贼民欺。

夺槊猛气千里纪，阴云缭绕蚩尤旗。

奎光忽迸碎挽枪掩其辉，散落山水窟，

化作青燐飞，抱琴偕赤盏。

誓死甘追随，同仇张与李。

捐躯亦不辞，到今忠魂毅魂应相依，

荒塚年年啼子规。子规啼彻行人耳，

怅能往事犹涕欷。

我闻元季廷议罢科举

巴延凶悍慑当宣，救正虽有许有壬。

过桥拆桥亦何旴。

未几石人谶起举朝愁

一局残棋委莫收，成仁取义上法文信国。

乃在江州台州两状头

当世始识科名重，科名重在画忠勇。

惜哉表章古无闻，两生怀古吟屑笔。

感我老大聆清歌，婆娑起舞神为和。

以人传地地增色，诗传人地更如何。

行见英风健笔共不磨

直与江头双塔争嵯峨。

《黄岩县新志·名胜》

唐门山双塔记

　　袁子曰：不縠少闻，黄岩为浙东名邑。委羽，松岩诸山，奇胜累累，士生其间者，类多瑰玮不群。科名郁起，如杜清献、黄文毅、谢文肃、二徐、三左者流。或以宦迹腾声，或以文字标誉，海内仰之。

///// 在建的唐门双塔

如瑞凤祥麟，脍炙士林久矣。不毂心窃识之，迨登仕版分符宰岩邑，则神勃勃。往以为往昔所愿，执鞭清献、文毅辈。庶几入其乡，挹其余馨也。下车以来，进邑博士弟子而咨询焉。博士弟子偻而前曰：兹邑也，旧以科弟侈称，嘉隆而后，则阅十数祀，仅一再兴晔。昔前达接踵比肩也。今何寥落哉；不毂闻而攫然。乃博士弟子趋而请曰："地灵人杰。自古记之，迩者文运不甚昌郁，得毋山水未效其灵耶？"不毂曰："唯唯否否，尝闻之。"韩非子曰："冬日之闭冻也。不固，则春夏之长草木也。不茂，天地不能常侈常费，而况于人乎。于戏印，又闻人定胜天之说乎。诸弟子淬尔志颛尔业、懋尔问学，洞洞属属，罔有逸晷，吐为文词，川涌云烂，举屑屑，工铅椠者而龀之。即，博巍第易易矣，乃于博士弟子，月评其艺者三岁。试其艺者再踰三年。而矫矫然，厌晚近习，窥左氏史迁之潘篱矣。不毂快读所为艺因迪尔，谓诸弟子，此可持以售主司哉。昔者之请，谓何愿有以解也。诸弟子跃然对曰：邑有唐门山，距城可五里。东互海门，西控苍溪，当城之左臂，堪舆家所谓水口捍门也。山之西有将军岩，岩下有泉清冽，岁大旱不涸。宋朱晦菴先生提举浙东时，阅历岩邑诸胜，于此尤注意焉。盖谓山之根插双笔，则城中及第者出"。此晦菴先生语也。见郡人柯九思所著《永宁樵语》中可考。而镜去不毂，闻而颔之。因召父老议费庀工请于当道，遂出帑金，美者为石工资，且捐赎助之，以典史邬君凌云董其役。荷锸之夫，欣然执役，数月而工竣。

双塔对峙屹然一邑，雄镇哉。因题曰："文笔、文星。"是秋诸弟子应省试获隽者三，刘生梦令，项生汝廉、王生文雷，翩翩霞举，邑士大夫皆来贺。不毂曰：此山水之助耶，抑诸弟子艺骎骎然。古也适与运合耶，而后来者，将未艾耶。诸博士弟子以记请不毅。因持前说，以应之时，万历已卯重九日。

　　碑于明万历七年（1579）九月立于北城唐门山。清光绪间嵌入崇节祠后门墙上。景多漫灭不可读，今佚。

黄 岩 古 桥

黄岩桥梁分布图

桥梁分布图

图例 ①南浮桥 ②柔桥 ③栅桥 ④新安桥 ⑤高桥 ⑥鉴洋桥 ⑦石湫桥 ⑧洋屿桥 ⑨白崎桥 ⑩孝友桥 ⑪打网桥 ⑫断江浮桥 ⑬三洞桥 ⑭小瀆桥 ⑮利涉浮桥 ⑯塔水桥

永宁江裁弯取直示意图

黄岩古为水乡泽国，境内河道密布，溪流纵横。石碇步、浮桥、石拱桥、石梁桥等，遍及城乡、山区，数不胜数，它们为城乡山区民众间往来经济的发展带来了极大的方便。

石
碇
步

石碇步是一种古老的桥梁形式，适合山区溪流较宽、水位浅、洪水期短的自然情况下，造型虽简单，却蕴藏科学性。临时石碇步为求方便，人们找来几块较大的卵石，按人步伐距离，一块块投入水中，再踩着这些石块过溪，过水者省去脱鞋卷裤之烦。由于这种临时性的石碇步石块不大，洪水一来，即被冲走。为了长久之计，人们从溪坑中挖了巨石，有序安放在溪流中，加以固定。这种固定石碇步，年轻者可以跳跃如飞，老者、病残者、肩挑者行走其上却难免心寒脚软。在黄岩西部山区村庄间石碇步较为多见，在此只作代表性的简述。

布袋山石碇步

/////布袋山石碇步

半山石碇步

///// 半山石碇步

富山苍基石碇步

////// 富山苍基石碇步

独木桥

在黄岩溪与五部溪汇合处的坦头村，始建年代不详。此处是西部山区木、竹排的集散地，商贾热闹繁忙，现仅存路廊四座，且座座相连，每座有三四间屋。

因溪流加宽，堤岸加固，十多年前桥被毁，改建钢混结构大桥一座，曰"永春桥"，在上游亦有同样独木桥一座已毁。

在农村小河上，有的也架有独木桥，由一两根树木固定在河上的桥，叫独木桥。为安全，桥两头用石板固定并放有竹竿，让人挂着过桥。

///// 独木桥

浮

桥

浮桥，很早以前为"舟桥"，它是用船或筏或浮箱来代替桥身的桥。黄岩永宁江（潮济以下称澄江），自西向东曲折横贯黄岩大地，是境内最长、最宽的江流，其流域面积占全县总面积的70.5％。千百年来，它日夜奔流不息，滋润着黄岩广袤的土地，促进了黄岩的经济、文化的发展，造福千百万黄岩人民，被誉为黄岩的母亲河。但它也给两岸的陆上交通带来诸多的不便。为解决这一矛盾，勤劳智慧的黄岩人民就在江上架设浮桥，以利两岸的人流物资的通往、经济文化的交流与发展。黄岩旧有利涉浮桥、山头舟浮桥、七里浮桥等。

利涉浮桥

　　在县城拱辰门（北门）外永宁江（澄江）上。唐至南宋前期设江亭渡。宋嘉定四年（1211）二月，知县杨圭（建安人）与黄岩名士林鼐等人在县城北门江段的江亭渡建浮桥。桥长100丈，宽3丈，有桥船40只，各桥船用蔑索串联，捆固于两岸石雕狻猊身上，功利次中津。桥南有黄山楼，北有三圣庙。为台温通衢要道。因江潮湍急，桥时有被台风、洪水所毁坏，行人常有溺水事故。明嘉靖年间（1522—1566），"术家"言，桥形如蜈蚣，故多杀人。僧募建"鸡鸣塔"于浮桥江岸以镇之。塔高一丈二尺，围相等，六面皆凿佛像并鸡形，于石中贮《法华经》锡匣。民国时，塔存其半。抗战时，日机经常轰炸县城，因有碍城内民众疏散，被推落江中。

/////利涉浮桥　（本图由鲍澄文先生提供）

清康熙十九年（1680），邑人募建铁缆，以代替菱索，桥才定名为"利涉浮桥"。后船小薄，不时遭破坏。乾隆三十年（1765），知县吴令至瑜，为加固桥船，改建巨舟、船板等达三寸，广越二丈，铁缆每箍重为8斤，牵镇其上，往来无患。乾隆三十三年（1768）王令憕重修一如旧制。清咸丰十一年（1861），桥毁于战争。同治初年（1862）县署游击周成镐主持重修，并为浮桥设置田产千余亩，以解决维修费用。蠲其他徭役大都十亩，岁收一金贮租以备修理。成化间析其半隶太平。隶黄岩者622亩有奇，积三载租足资修用，桥获常新而费不及民，公私称便。

民国二十九年（1940）6月，成立浮桥管理委员会，借黄岩救济院办公。并规定收费标准：单船通过，一次收关金券3～4角，竹排每趟关金券1角5分，黄牛过往一条1角，水牛一条1角5分。

民国三十四年（1945）9月及37年（1948）8月均经山洪冲毁，管理委员会募款修复。中华人民共和国成立后，县政府改组管理委员会加强经常性维修。1955年7月，澄江公路桥竣工。浮桥旧物移至七里今址，称七里浮桥。

宋嘉定四年，永嘉叶适记：

嘉定四年二月，黄岩县浮桥成。林鼐叔和为其知县杨君言曰，桥长千尺，藉舟四十，阑菌绋索，堤其两旁，梱梱图狻猊，讫三十旬，斤铁九千，木石二万五千，夫工六万余。县东南车马担负而客之涂，皆达于桥。西北樵采携挈，而民之市皆趋于桥。诸公跨天台，陟雁荡，行过黄岩皆喜曰：增一桥矣。盖奔渡争舟，倾复蹴蹭之患既免。而井屋之富廛肆烟火，与桥相望不绝，甚可壮也。古无而今有难矣，桥于江之险尤难也。台州有桥自唐宋始，君一县作之，抗其力如州，倍难也。愿之记以为君酬，余病未暇也。叔和又言曰：桥以未成，为难，众人所知尔以既成为难，君所自知也。今岁别一围以待，异口之阙，尚惧不足，虽然县藉坏七十年矣，君聚田百万亩，算而步析之。更二岁始得经界之旧，君之力虽难，而承其后者易矣。易则思，思无穷，而桥可恃以常存也。顾著之余，卧水心久。往来皆村野，人语不到门外，不知君材。乃若是郑大夫非异人耶。举郑国解落整比大效小，验其于春秋，至捐一车则天下以为笑，彼溱洧之易，视今之难奚百倍翅耶，岂古人于此则或有故与世常言极今人所难，不足以进古人所易，而充古人所易，不能为今人所难，何哉？叔和之论不余质也。可无为书，余少从叔和兄弟游，每为余言县直北山上，爽气浮动，花柳之丽，雪月之胜，无不在江北。余间至程头，必徘徊顾瞻，辄阻江而返屡矣，今既施桥，而叔和与邑人日曳杖娱戏于北山，潮生汐落随江降升，悠然如泳汉浴。沂以歌咏令君之遗德，而余已老不复有。四方之事，徒慨想不能从也，因附见之亦以志余不忘斯游尔。杨君名圭，字国瑞，建安人。

元潘士骥诗：

> 阳侯欲截澄江道，江北江南天杳杳。
> 鱼贯轻舟影不流，蚁移过客何时了。
> 几回吹断西风颠，云斤月斧费万钱。
> 沙禽冷眼岸花笑，空山有石无人鞭。

铁缆记

清康熙十九年　柯夏卿

桥名权利之所在不思去其害，不可言利苟知其害，徒鳃鳃焉。失小利旦夕且狎而玩之则其害，终不去并其初言利者全失之矣。邑侯张父母下车来於邑之大制害苟有济乎人者，无不举而兴，且剔之匪独桥也审利害，桥为急已盖岩邑，舟车辐辏四塞之地，长江环其郭，潮汐通之所往来者，昔则商贾人民耳，今则屯重兵於此介马云骈輜軒大吏岁每一再至蚁舟而渡为日几何，此桥之所以利也，桥之制木刳为舟，析板为梁。板厚才寸耳，梁宽不丈耳，驼梁之舟可数十步一桥跨耳，旁乃纫竹为缆而系之，持重于其上，则澎湃铿□之声震于耳。驶奔鹿骇之状撼于目，足发发如春冰，偶衍而得过则为几倖。否则飓风作而洪涛至，彼肩而来此牵而往不幸适中其险，缆解梁散，见面而千里矣。以此言利吾不知利何在耶，当事者非不时取板益之，取舟葺之，饬榜人晨文守之，徒费设处补救之，劳而漂摇冲击之患，仍在也。则害故在，竹使缆以铁则风不能撼涛不能冲，淫雨烈日不能腐。而折行者如醉，而恃有左右扶之，人此昔人利涉之名，有取也。第约所费非数百缗不就，惜乎物力交困，里胥且正供之不建官，无无礙之，帑可以取携而应祇有劝募一途使施者怆然于害之所在。必求其利，则捐己利以利人，合小利以利大庶乎，利永存，而害永去，泽沛与水俱长也，余言之侯，题之乃以事属之耆老，不数月厥役成，侯语余曰，先生之言其利溥哉，盍记之，余唯唯泚笔，侯讳中选，字龙城沅芷人。

利涉浮桥管理委员会简章

第一条　本县为管理利涉浮桥起见，特组织利涉浮桥管理委员会管理之。

第二条　本会设委员五人，由县政府遴选热心地方公益人士聘任之。

第三条　本会设主任委员一人，由县政府就委员中指定负责处理日常会务。

第四条　本会委员任期三年，连聘得联任。但每次改聘时，须有旧任委员二人以上之连任，以免隔阂。

第五条　本会之职掌如左：一、浮桥之修造及管理事项。二、经费之收支保管及筹募事项。三、预决算之编制及审核事项。四、各项管理章则之拟订。五、员役之任免及管理监督事项。六、其其关于管理浮桥一切事项。

第六条　本会为办事便利起见，分设左列三股，其执掌如左：一、总务股，关于文书、庶务及不属于其他各股之事项。二、管理股关于浮桥之修造管理事项。三、经济股，关于经费之收支保管、筹募及预决算之编制事项。

第七条　本会各股各设主任1人，由各委员互推充任。

第八条　本会各股得酌设采股员若干人，由主任委员遴定报请县政府委任，服务规则另订之。

第九条　本会设桥夫若干人，由主任委员派充并报请县政府备案。

第十条　本会每月召开常会一次，由主任委员召集之，必要时得开临时会议。

第十一条　本会委员及职员均为义务职，必要时得酌给津贴，但桥夫应支工资。

第十二条　本会会址暂设黄岩县救济院。

第十三条　本简章由县政府拟定通令施行，并呈报建设厅备案。

第一届浮桥管理委员会委员为周侠青、许尔纯、陈立信、方旭初、王镜祥，指定周侠青为主任委员。当经聚资，将全桥重加修理。民国三十四年（1945 年）9 月，及三十七年（1948）8 月均经山洪冲毁后，由管理委员会募款重新修理，直至 1955 年黄岩大桥建成浮桥才完成其历史使命。

黄岩大桥

黄岩大桥，又称黄岩澄江公路大桥，横跨黄岩县城北门澄江（永宁江）南北两岸，傍原利涉浮桥东 30 米左右。"104 线" 1739K ＋ 409 处。1953 年由省交通厅勘测，1954 年完成设计后破土开工，1955 年 6 月竣工，历时 9 个月。同年 7 月 1 日通车。大桥全长 184.3 米，总宽 10 米，其中行车道净宽 7 米，两侧人行道各宽 1.5 米。全桥有 2 台 5 墩 6 孔，桥台长 8.15 米，每孔梁长 28 米，桥墩采用钢筋混凝土管柱桩基，高桩承台；上部结构采用联合梁。设计荷载汽—10、拖—60。大桥两侧人行道宽 1.5 米，两旁装有钢质栏杆，每隔 28 米装有包式桥灯，建桥时，江面宽 175 米，水深 8 米，水流量每秒 1761 立方米。总计投工 19.05 万工，总造价人民币 196.52 万元。在建造过程中，十里铺人张大姐（音）不幸遇难。

///// 黄岩大桥

1983年9月中旬，黄岩电力部门有一台110KV输变工程主变压器，从曹娥火车站出发，自重49吨，加上主车自重22吨，平板车自重23吨，总重94吨，经过大桥时，采用主车，拖车分离，中间用钢索牵引方法，安全通过大桥，顺利运抵镇东乡变电工地安装。如此超重之物通过大桥，还属首次。

澄江大桥，是浙江省内解放后自行设计和施工的第一座现代大型公路桥。澄江大桥通车后，大大便利了黄岩至杭州、宁波、金华、临海等地的交通，结束了自古以来靠船渡及浮桥的落后局面，利涉浮桥也完成了历史使命，全桥被移上游七里渡。

利渡浮桥

　　利渡浮桥，俗称山头舟浮桥，又名断江浮桥，在县西 17 里之山头舟村与断江村之间，呈南北走向，横跨于永宁江（澄江）之上。旧为断江渡，此处地处山脚，西北诸山溪流汇至急下，海潮至此逆流不得上，形成激浪，下流深阔，上游浅窄，江流至此而截断。相传岱石神与钱塘神竞分潮汐三分，庙北港潮生，则怒涛惊浪，高可达五六尺，似钱塘江潮，故名断江。由于地处南北要冲，在下游 300 米处渡头槽设渡，

///// 利渡浮桥

为断江渡。因江流湍悍，善溺人，里人潘秀元欲捐置石桥与渡头，迄无成功。

明万历丙子（1576），署县事田推官乐义倡议建桥，己卯（1579），袁令应祺首捐俸银，广为筹募，请僧元蕴主建。元蕴泗水测定深浅，指挥安放 7 梁，加固锲跳，下攒木祇，溪潮冲击，两岸安装悬机牵引纤缆，开闭浮格通船只。成之，题曰"利渡"。临海秦尚书鸣雷为之记。后圯，仍用船渡。嘉庆壬申（1812）太学生潘荣跃及附近村绅士欲建石桥，方凿石鸠工、突遭大水、石沦于涂者有半。于是，改建浮桥于南岸。道光壬午（1822），太学生陈以鉴、武举吴潮清、胞弟吴荣才、廪生陈莹、庠生朱植三、僧用定上人等与僧仁川往来募捐，桥成。

因桥南岸地势陡峻，特砌石阶数十级，以便行人上下，并置田二十余亩，为修葺之资。设浮桥管理用房于南岸，雇夫宿值启放。于此浒筑佛庐邀僧经纪其事。桥由十三至十五只两头尖木船作纵向排列，上置活动桥板，由两根粗铁索镇压船上，起固定船只作用。清道光二十八年（1848）曾重修。咸丰辛酉（1861），太平军入黄岩，潮溪（焦坑），苦竹间损失尤甚，浮桥被毁。铁（链）、桨等无一幸存。同治甲子（1864）五月，陈观、吴潮清、吴荣才三人，嗣孙陈子堂、吴子盐、吴应麟等由国清寺主讲退院、仍主普济堂主事，用完上人之徒僧莲舟主其事重建。

民国前期，浮桥由原建造人潘荣跃后裔世袭管理。由于管理不善、经费不足，时有损坏，行人过往中断。民国二十九年（1940），上路人徐从学捐资修理。对此义举，县长徐用赠匾嘉奖。因桥跨山头舟和断江村，而改名"山头舟浮桥"。第一届除头陀区长及潘氏助主代表为当然委员外，聘任委员为郑敬复、赵雄勉、彭勉夫、林怀瑾、潘德夫、王峙南、刘干中，互推林怀瑾、王峙南为常务委员。第二届除头陀、万孝两乡长为当然委员外，聘任委员为喻懋修，符锡鸾、潘德夫、林怀瑾、潘仲文，互推喻懋修为常务委员，后喻懋修中途逝世，改聘彭志行为委员，互推林怀瑾为常务委员。

1951年9月，成立山头舟洲浮桥管理委员会。有委员8人，其中当地村干部6人，桥工2人，有桥船17只，值班平屋1间，桥工7人，有旱地3亩，水田10多亩。1953年土地改革时，田地纳入农村土改分配，属县实业科领导管理。

1951年至1961年间，经费来源主要来自过桥费，过桥费按沿袭惯例收取，其中客轮每月44元。木帆船分大、中、小船舶，每次1.2元、0.9元、0.6元收取，黄牛每次0.10元，水牛每次0.20元（当地断江、山头舟村免收）。过桥费用于支付桥工工资和修桥费用外，每年尚有百多元节余。

1962年，县人民政府通知停止收取过桥费，开支由县财政补贴，浮桥管委会只是名存。桥工日夜值班管理桥务事宜。随后，浮桥划入

///// 浮桥南岸管理处等建筑

///// 浮桥管理处

///// 浮桥南岸清道光
二十八年（1848）浮桥碑
（左）、右金鸡宝塔（现
被头陀街虔存博物馆收藏）

县交通部门领导。1983 年 12 月，调整为县属集体所有制事业单位。
1988 年 1 月，行政和业务归属于县交通局和渡口办双重领导，人员工
资和修理保养费用列入县财政开支计划。

1960 年长潭水库构筑后，永宁江流量减少，江道遂然淤狭，至
20 世纪 90 年代仅有桥船 9 只，职工 4 人，退休工人 3 人。

（《黄岩交通志》）

山头舟浮桥管理委员会简章

第一条　本会定名为"黄岩山头舟浮桥管理委员会"。

第二条　本会由委员9人组成之，除本区区长及潘氏助主推选1人为当选委员外，其余由阁西管理公款、公产委员会推选，报请县政府聘任之。

第三条　本会由各委员互推常务委员二人掌理会务，会计员1人，管理本会产业及经费预算计算之编造，暨现金出纳事项，均义务职，并管理员1人，桥夫6人，管理桥务。

第四条　本会办事细则另订。

第五条　本会委员承县政府之聘任，共同管理浮桥之修整、

///// 2006年浮桥东建水泥桥后被废弃

改进事项，对于浮桥经费之出纳有审核之权。

第六条　本会委员之任聘期定为2年，任期由阁西公产会推选报请县政府改聘之。但连选得连任。

第七条　本会常年经费及浮桥修理经费，以田租、地税收入暨浮桥乐助捐收入拟充之。

第八条　本会每年须开常会2次，临时会无定期，召集日期由常务酌定，通知之。

第九条　开会时不给差旅费，但伙食由会供给之。

第十条　本会会址暂定山头洲茶亭，在茶亭未修整以前，开会地点由常务委员临时酌定之。

第十一条　本简章如有未尽事宜，得提交常会修改之。

第二十条　本简章由本会拟订通过后，报请县政府核备施引。

重修山头舟浮桥碑记

千古如斯（额）

重修山头舟浮桥碑记（题）

凡事创始难，而缵承亦不易。若合数家之子姓，皆能继先志，绍往绩，协力同心，兴废举遂，则其事虽仅□□□□□□余而垂后。

断江渡之有浮桥，盖创自朗轩潘公秀元也。口公以此地为邑西南北之冲，欲捐置石桥于口渡头，以□□□□□□湍悍，迄无成功，乃改建浮桥于山头洲之浒。其同事者：陈公观、吴公潮清、及公之胞弟荣才公等，而效□□□之□□□□之责者，则用定上人也。桥成之后，往来行人，不苦陡涉覆舟，如履平地。后置田三十三亩，以供管守缮修之资，至今历□□□□矣。

　　辛酉岁，越匪煽乱，窜入邑境，潮溪、古竹间被害最剧，浮桥遂为所坏，剩铁□枇无一存者。越三年，荣才公之孙应麟，首执□□，商于其从兄煤，及戚友陈子堂、吴子盐、皆欣然愿与从事。盖其从兄，即朗轩公之次孙、而二子者，亦即前事陈、吴二公之□□嗣孙也。时用定上人之徒莲舟师父，适以国清主讲退院，仍住普济堂主其事。于是各出资若干，以为鸠工庀材之氏，而募□其不足者。起役于同治甲子五月，阅半载而告竣。嗣后僧入主管，及雇夫给直，□式悉如前碑。无庸长赘。余独喜四子忝同学，□皆能不废先人之功，可附于继述之善，而释氏师徒亦能后先济美，相与有成，昭功德于我乡间也，于是乎书。

　　附刊捐资数目，及普济堂管业完粮田亩如左

　　　　　　　　　　　　　　潮溪里人姜文衡谨撰

　　（下略）

　　　　首事　陈　宝录汉　　黄铃峰

　　　　　　　　煤心富　　　吴汝焕

　　　　　　潘　应麟书富　　赵云龙

　　　　　　吴　盐汝梅　　　潘美富

　　　　　　　　　　　　　　彭柏树

　　　　　　　　　　　　　　金香林

　　　　　　　　　　住持莲舟　仝敬立

浮桥碑记

　　桥工告竣，善后为宜，□□□□□长河口。邑西断江渡，为南北通途。□□□□□□□吴朝清观口朱植三暨　荣财。□□□□□之创造石桥，度口甚钜，成功甚难。田□□□□□□□堂口所为僧人典守之居，□□□□□为后日缮修之费。奈湍流勇急，风飓怒□□□□□□□僧用定□□，同众董事相度地形，探知水势，议徙山头洲地方，环承前县宪黎□□□□□□□□□名普济其堂基田地，即以普济桥□粮，历今二十余载，特恐善创未克，善因善始□必□□□□□□前□□焉。

　　因请县□杨□准给示勒石，二以垂久远可也。粘□附等□因，斯可永□侵□□□□□□守□。觊觎产业，候住持鸣官追究，典□僧人或废驰桥工，任董事更僧代理，庶吉有攸□，□□不为也。谨将田地租额并地号坐至朗载于□。

计开田亩（后十行略）

大清道光二十八年 (1848) 岁次戊申杏月

碑在山头舟浮桥（又名利渡浮桥）南岸。高 157 厘米，广 85 厘米，碑石风蚀严重，大部分字迹漫漶不清。"浮桥碑记"四字横书，每字 16×16 厘米，文 8 行，行 38 字，田亩、纪年均直书。

碑旁有金鸡宝塔一座。

明己卯"利渡"桥成，秦鸣雷记云：

　　黄岩邑在山海间，故其往来之道非缘崖而跻即跨江而渡。若橘江视他渡特险艰于济焉。然在邑为通衢，由之而溺者什常二、三，噫易渡为桥民之有是思也非一日。乃今肖海袁候莅治甫期慎法近情政简而肃，众为之附尤莘莘，问民所疾苦，而兴革之于是居民杨任管雷辈，以为有侯如此意其所示闻者曷挟图群入以告乎，侯果览而起曰：是诚不可已顾帑无美资请于上则缓或不得请，则沮无已，我捐俸为若倡，若其于民间相劝以多寨，期以集事而止，夫财也于民工之良，苦役之合散吾以时馈劳以相厥成则如何，可乎，不可乎？众睢睢而出，远近闻侯意，争相捐助，唯恐后乃以僧无蕴练实可任于凡量度图维悉以委之，僧乃测江之南北若干尺分为七梁，梁广如长数而杀其二锲趾所立皆以身泗于水而定之，已乃攒木以抵冲，悬机以引绰，盖凭虚构，实务俾坚好以为永利比成而东西行者履砥视矢凌波涛于蹉趾之下，而若不知莫不欢呼颂戴，以为侯功，而侯第以酒主落成，命以今名，功则与民而不自有也，民乃哗曰：受其赐而忘其功，吾得为良民耶，以余辱侯知乃群来请记，将以纪实示远而诏勿坏余谓古称令为近民夫亦谓休戚与同，即有疾而痛疴痒可随所呼号而拯救之，耳近世上视其官若邮传无意于民，抑缘文密法详以避事，养誉为良策，虽事关有司或有废有驰，犹莫能兴民，是以含忍不以告，告亦寝阁不为理，如此渡宜桥直有待于今日也，可想见矣，邑人与侯非千载奇遇乎，侯望实崇著行，且召为台谏官他日正色立朝於天下利病所系，必能人告我后而施行之，兹特其琐琐者耳，余并及以告邑之士民使之拭目以侯名应祺，字文毅，肖海其别号，杨之兴化人，举甲戌进士。

利渡浮桥记

　　江自潮济而下达于北关外，凡十余废，而断江渡湍流尤为悍急，往往覆舟。前明旧有石桥，名曰"利渡"，临海秦华峰沿书为之记，盖万历已印表令应祺率氏创建以利名者也。厥后桥圮，而以舟济，年岁不可得而详矣！嘉庆壬甲太学生潘荣耀，中闿人之多溺，谋诸近村绅士，欲重建石桥，亘东西岸。方凿石鸠工，洊遭大水，石沦于涂者半焉，于是改建浮桥于南浒。时同事者皆虑其难，君毅然任之，日循行江干相视水势，度其曲直浅深之所宜，以伺潮汐往来杀仒他处者而下楗焉！庀材於嘉庆庚午，迄道光壬而桥成。凡南北若干丈，为舟若干艇，为铁缧若干寻。复以南岸陡峻，砌石数十级，以制行人。既成，置田二十余亩，以为修葺资。设厂南岸，雇主宿值启放，筑佛庐于北浒，遴僧经纪其事。是役也，经费皆潘君所经营，襄其事者，太学生陈君以鉴，武举吴君潮清，禀生陈君莹、庠生朱君植三，而往来募捐者僧仁川也。例得并书。

2006年9月，山头舟浮桥东新建一水泥桥，从此浮桥已完成历史使命，被拆了。

七里浮桥

在新前镇七里村，永宁江中游河段。1956年前，设七里渡，1956年，黄岩县城北门（拱辰门）外，因澄江公路大桥建成，利涉浮桥移此，称七里浮桥。有船31只，至1988年底，永宁江道淤积变窄，尚剩船17只，过往行人达千人。船舶百余艘次。至2000年，有桥船8只，岸上有预备船只2只，计10只。

///// 七里浮桥

石拱桥

石拱桥，是我国传统桥梁的基本类型。这种桥梁模式在我国较为普遍，具有悠久的历史。《水经注·谷水》中提到的"旅人桥"，它建于西晋太康三年（282），桥身全部用巨石砌筑，宏伟壮观，下圆可通水，亦可通大舫。

石拱桥形式多样，有圆弧拱、半圆拱、马蹄拱、折边拱、尖拱等。其孔数为单孔、多孔之别。多为单数，中间一孔较为高大，由此向两岸对称逐步缩小，靠岸边两孔最小。拱券除了具有良好的承重性外，还起着装饰美化的作用。拱桥的桥面形式，一种是平坡或微坡，利于车马通行，除敞肩拱外，拱背多是实腹；另一种应用于单孔石拱桥，桥拱高，两岸低，踏阶上桥，形成驼峰拱，使拱上的重量达到最低限度，拱洞又达到最大的排洪量，适合山洪易暴涨的山区。

由于拱桥全部用石料叠砌，墩台之间用拱形结构，承重力大，使石材耐压的特性能充分地发挥，使石拱的跨越能力高于石梁桥的跨径，它比石平桥受力性能好，跨度大，有利于泄洪、通航。拱桥桥洞呈弧形，人们爱把它比作雨后彩虹、人间天上的桥，或称其为卧虹、飞虹。

在黄岩，拱桥有单孔、三孔、五孔之多。如新来桥、迎福桥、兴隆桥、永济桥等都是单孔拱桥。下浦桥、三洞桥等属于三孔石拱桥。孝友桥则是五孔石拱桥。一座座拱桥，像一道道美丽的彩虹镶嵌在黄岩锦绣的大地上，装点着黄岩美丽的山川。

孝友桥

　　孝友桥，在黄岩县城液金门（西门）外，又称西桥，因其有五洞，俗呼"五洞桥"，桥长 63.5 米，宽 4.3 米。桥名自《嘉定·赤城志》至《民国·黄岩县新志》均载"孝友桥"，1983 年、1992 年、2002 年的《黄岩县志》《黄岩县地名志》《黄岩志》《黄岩交通志》等均称其为"五洞桥"。古以桥为名的有"孝友乡""孝友小学""孝友公社"等。

　　孝友桥旧为黄（岩）永（嘉）捷径的第一座石拱桥。《嘉定·赤城志》载：在县西一里，修六十丈，广三丈，跨大江别浦（西江）。宋元祐中（1086—1094），令张元仲垒石为之。元仲字孝友因以名桥。庆元二年（1196）圮于水，邑人赵伯澐纠合重建，筑为五洞，桥面亦五折。取道其中，坎

///// 2018 年 8 月，重修后的孝友桥

两旁以窍水,翼栏其上,视旧功十倍。后又渐圮。至清雍正十三年(1375),吴总戎进义委明因寺僧世月重建,其地辽阔萧爽,待月甚佳。元潘士骧《西桥秋月》诗:"玉虹横处隔市喧,夜痕冷浸青青天。风生万籁泻金液,风定一颗摩尼圆。飞步如游桂香陌,影湿虚栏和露拍。芦花湾近霜鸿惊,乱啼错认东方白。"清王若溪《西桥夜月》诗:"江上生凉气沉寥,平分秋色爱清宵。一年好景无如有,万里寒光落此桥。绕树乌还啼咄咄,随云雁自去飘飘。不须更听霓裳曲,有客凭栏弄玉箫。"

古人立于桥上赏月时,除吟诗作赋外,还讲讲路廊头消息和灰色笑话,或讲些对方的笑话互相取乐。也有人在桥西孔石栏上刻了棋盘,边乘凉,边下棋,享受西桥夜月的乐趣。江河行地,日月如梭。西江年久逐渐变窄淤塞,至清光绪年间只剩下四孔跨水,后人在其上建房至今。1956年4月,城关至焦坑公路通车,将起伏五拱的桥面用泥石填铺平整,以通行客货车。1957年建造长潭水库时,大量的施工器材设备从桥上

///// 孝友桥(五洞桥)桥面

///// 2016 年 9 月，桥南北杂树草被环卫工人清理后的状态。2018 年动工清理桥上被填的泥沙石路面，2018 年 5 月 25 日时去五洞桥，东面踏板在修复，五洞仅剩半洞未清理。

经过，黄岩轴承厂所用的 20 厘米直径的自来水管横跨西江，又依托孝友桥的桥墩搭建钢架，并立水泥桁，更进一步加重孝友桥的负荷。

由于严重的超负荷，致使西墩发生下沉倾斜，拱圈下缘脱开，边墙出现裂缝。1959 年 9 月，西江公路桥建成后，黄（岩）长（潭）公路改道，汽车才停止通行，但手拉车等仍畅通无阻。

2018 年 4 月 3 日开始，孝友桥进行全面彻底的整修。此次整修仍采用传统的工艺技术，用糯米蒸饭，拌以蛎灰、桐油，捣烂成糕状，作为黏合剂，以达到修旧如旧之目的。

修桥开始时，首先进行全面清理。桥面的泥石显露每拱上下各级石阶，清掉被掩埋的西孔桥下所有的淤泥。在清理过程中首先发现桥上镌有"孝友桥"三字，广 165×40 厘米。桥西中间石板下埋一青蓝瓷粉盂，

///// 孝友桥镇桥之宝青瓷盂　///// 青瓷盂内铜钱

盂盖和盖体上饰形象逼真、栩栩如生的四爪云龙，内藏清顺治、康熙、雍正、乾隆、嘉庆五朝铜钿各 2 枚，计 10 枚。因年代久远铜钿开始锈蚀，有的两枚粘在一起，盂内还有少量泥沙。更重要的发现是在桥下中孔拱券顶部镌有：宋元祐二年（1087）□□宋庆元二年（1196）六月十八日重修，清雍正十三年（1735）正月十四日重修字样，分三行直书，边饰云草纹。石刻广 152×77 厘米。每孔净跨 8.7 米，修复后的孝友桥，仍为五洞（孔）桥长约 67 米，宽 4.3 米，桥面五折。孝友桥于 1982 年公布为县级文物保护单位，1989 年公布为省级文物保护单位。

三洞桥

　　三洞桥，在县城西南十里，横跨西建河上，为南北走向（误为东西走向）。桥南为石牛渡村（旧属高桥乡）、羽村（旧属鼓屿乡）、桥北为霓桥金村（旧属孝友乡），被称为"三宝地"。桥南有四开间、供行旅歇息的路廊，长年免费供应茶水。路廊北与桥间旧时有小街，街中有三开间其中二层楼二间的"愚生堂友记国药号"药店，鞋店、衣裳店、剃头店、打铁店、箍桶店和商店。紧邻路廊西是永宁堂，俗称"三洞桥堂"，有大殿四间，东盘洞二间，为回龙山日照寺僧道正修建，2014年重修。桥北旧有一关帝庙，后荒废无片瓦，复建一亭，精雅可观，以奉香火。

///// 三洞桥

三洞桥南通温郡（温州），西北达仙居，为古代县西南捷径的石桥之一。那时，从金清贩私盐到仙居、天台经此过凉棚岭栋，再经西北达仙居、天台。桥面成一弧，三洞跨水。桥长 25 米，宽 3.36 米，高 7.2 米，桥面较为平缓，砌筑造型构思独特，为古代传统拱券形三孔拱桥。中间桥孔跨径最大，为主航道，两侧桥孔略小。桥南北两侧筑踏步石阶各 28 级，供人上下。桥中间嵌有一米见方中镌"福寿"字样并饰圆形重瓣莲花，四角配饰如意纹的石板。桥面两侧望柱原各有 16 支，现存 12 支。两侧局端望柱头饰猴，中间望柱饰仰覆莲，柱镌乐助人姓氏。栏板内侧饰仙鹤、鹿、灵芝、祥云等图案。栏板上下平面砌筑弘纹与小方格纹。在桥北西侧第四级栏板上，传说有"长毛（太平军）"用大刀砍的长约 20 厘米的刀痕。桥墩由大小不一的长条石相间错叠砌而成。

桥仍保留当年风格，但因年代久远，溪流上冲，海潮下激，日夕相搏，受损程度较为严重，桥面正中雕刻图案的石板年久破裂不堪。栏板、望柱及桥墩砌筑，缝隙间长出大量的灌木、杂草、藤蔓，致使桥面两侧栏板，柱头向内倾斜，榫卯移位。险情可畏。桥面部分望柱及抱鼓石已佚，踏阶损坏严重，自成开裂状。为了保护这一文物，2013 年 10 月，黄岩区博物馆主持对桥进行修缮。2014 年春，当地村民募资重修路廊，石牛渡村民张顺福来宅请笔者撰重修三洞桥路廊碑记。

而三洞桥的修建年代却鲜有人知。据《黄岩县志》《黄岩交通志》载：三洞桥旧址距今桥数十步处。今桥清乾隆十八年（1753）九峰寺僧立广与日照寺僧文沈，偕淇光曾大父有文公同众首事募捐重建。嘉庆十八年（1813），日照寺僧道正（注）与乡绅潘贵龙、陈朝圣、朱邦龙、李财枝、景蛟协力聚资重修。2008 年 10 月 12 日，笔者与学友潘洋王氏顺富等 5 人去三洞桥实地考察，在他们的帮助下，笔者胆战心惊地独自划着捕鱼的铁皮小船，在主桥洞底下的拱券上看到镌有"大元至正八年（1348）重建，□州沈寿甫幹（干）墨绳，金氏了因沈文甫等，□山本源港□□先"

共 4 行，行字直书的铭文，并拍了照片。据此，三洞桥曾于元至正八年
（1348）重建，这是至今发现三洞桥重建的最早记录。笔者又发现了清同
治辛未年（1871）《潘洋王氏宗谱》中有关"始迁祖南野公（1509—1580）传"
载："距潘洋三里行，有一水港横亘，徒步行人殊苦不便，公毅然首捐重
资建桥三洞，远近沾益。"由此说明三洞桥在明嘉靖中至万历初时又由潘
洋王氏南野"首捐重资建桥三洞"。直到清乾隆十八年（1753）三洞桥才
有易地重建的记录，重建时的石料却是元时的石料，但找不到始建时的
桥址和时间的有力证据，待后人去发现吧！

故三洞桥的历史应是：始建年代不详，元至正八年（1348）重建，
明嘉靖中至万历初又重建，清乾隆十八年（1753）于旧址数十步处（今
址）重建，嘉庆十八年重修。2013 年又重修。

1985 年 11 月三洞桥为县级就地文物保护单位。

2013 年 2 月又公布为黄岩区文物保护单位。

释道正（生卒不详），清嘉庆间日照寺僧。清初，日照寺仅茅屋数间，
经文觉和尚募化十方建成，收徒十人，道正最小，师圆寂后，遗命徒孙
松茂接堂，师兄任外地住持。松茂败坏清规，废寺卖产。道正与道瑞告
官斥逐，赎回寺产，修复殿宇，自任主持。寺南下浦桥倾圮多年，道正
与居士潘贵龙等发起募捐，于嘉庆十五年（1810）建成，桥面三折三洞，
长 25 米，宽 2.5 米，望柱、栏板浮雕复莲、八仙与花朵，工艺精湛。

三洞桥碑记

叶润淇

是桥也，南通温郡，西达仙居，亦要津也。旧址距兹桥数十
步。乾隆初年，本邑僧立广和尚及日照寺僧文觉和尚偕淇先曾大
父有文公同众首事募捐重建此处，迄今六十有余岁矣！溪流上冲，
海潮下激，日夕相搏，蟫漏百出，桥倾颓势，岌岌乎不可以终日，

行者怵焉！日照寺僧道正上人，即前募建是桥文觉和尚之高足也，慨然曰：是则衲之责也。夫偕潘公贵龙、陈公朝圣、朱公帮龙、李公财枝、景蛟协力募捐，而乡方善信亦多乐助，诹日鸠工，阅岁而桥成。桥之北首，旧有关帝庙，亦荒废无片瓦。复建一亭，以奉香火，精雅可观，且不敢掠诸乐助者之美，将勒石以同垂不朽。索记于余，余曰善哉，上人之于是举也，不惟有以利众人之行，亦且有以承先人之志。吾知上人本师文觉和尚及立广和尚俱当含笑西天，即淇先曾大父有父公同前众首事，亦可以无憾焉！上人之功德岂止一香一咒之比，而潘、陈诸公及各善信之种福得福，抑亦不待余之赘言云。

桥下拱券石刻

碑高五尺二寸半，广二尺二寸半。额正"重修三洞桥"五字横列，径三寸强，无题。文正书七行，行三十二字，乐助姓氏分六行，共十七行，行字不等。末署：辛未岁进士璧如、叶润淇撰，辛丑邑庠生西堂林景仲书。嘉庆十八年（1813）。

桥下拱券石刻

大元至正八年重建，
□州沈寿甫幹墨绳，
金氏了因沈文甫等，
□山水源港□□先。

按：元至正八年（1348），"幹"简化后为"干"。文分四行，每行八字直书，是记载三洞桥最早"重建""年代"的唯一史料。桥西栏板上斜裂纹，传为长毛（太平军）大刀砍痕。

下梁大桥

　　下梁大桥，俗称卷桥、卷洞桥，在下梁镇卷桥村卷桥街，地以桥名。旧志载："在县南六十里，嘉庆十二年（1807）里人李光周、徐国鳌、徐国杰等捐建，凡三洞，费六千余缗。"桥横跨金清港三才泾口，为东西走向三孔一弧石拱桥。长 31.7 米，净跨 22 米，宽 4.57 米，高 7 米，中拱南北每侧望柱头雕有各式大、小瓣仰覆莲、狮雕工艺精湛，但已残缺，栏板刻有花草图案。桥南两洞镌联："□□□□通岛屿，□□□□□蛟龙。"桥北两孔中间镌："半倾银涛回砥柱，一弓彩虹锁安澜。"联下各雕一龟头，桥上古藤缠绕，募捐重建时间无法看清。

///// 下梁大桥

桥东西两端原有石构桥亭，供人憩息，亭边长 3.84 米。今仅存东两亭柱，上镌："不比离亭歌折柳，可如司马快题桥。"联传当年大桥落成时，太守与当地四家新媳妇一道开桥，桥两端各有 19 级石阶上下，桥下券顶上有雕刻。自桥北侧三才泾公路桥建成后，过桥行人稀少。当年出海的"下梁港口"即在桥南一公里处。传说沿海有三座名桥，卷桥、郎岙桥、寺前桥，均是名师建造。

桥为县级重点文物保护单位，1998 年 1 月 10 日为（县级）路桥区重点文物保护单位。

按：有桥"长 22 米，宽 2.57 米"之说。

下浦桥

　　下浦桥，在县西南 15 里高桥乡杏林村，东南至西北走向，横跨永丰河，是县城至高桥、沙埠捷径上的桥梁之一。始建于宋《宋嘉定赤城志》《明·万历黄岩县志》有载。桥长 25.5 米，宽 3.5 米，高 5.5 米的三孔石拱桥。桥面三折、石阶上下，与城西孝友桥相似，而桥上三孔临水，桥拱券用长短不一条石作纵横并列砌筑，桥墩用块石垒叠而成。桥面两侧设望柱栏板，望柱上端饰仰覆莲，雕镌狭而深，中栏板刻八仙与花朵，桥端砌抱鼓石一对，并雕刻云肩纹与花草图案，工艺精湛。清嘉庆十五

/////／ 下浦桥

///// 下浦桥祝梁庙

年（1810）潘贵龙、朱学诗、陈朝圣、比丘道正等募资重建。胡哲义助建。

1985 年 11 月 10 日为县级重点文物保护单位。

桥西有祝梁庙，传始建于宋钦宗年间。古时为黄岩至院桥、高桥、沙埠等地的陆路交通要道。清代建筑，当地民众又称下浦桥为"祝梁桥"、下浦堂"朵角桥"。

下浦桥记

张钱选

江河无变迁也，而桥梁有兴废。创之于未有之前，修之于既有之后，其功一也。城南十里名之为下浦，江势辽阔，波流浩瀚，上接太湖，下注东海，诚巨津也。地当四冲，欲济无从，旧建桥一座，砥柱中流，洞开三面，往来行人群颂坦履，厥功伟矣！迄今滋久，朝潮夕汐，倾圮有年。爰得乡耆潘贵龙、朱学诗、陈朝圣、比丘道正等未雨绸缪，捐资修筑。伐石取其良，鸠工择其善，易旧为新，于今尤烈。将见其博衍衍，其高岌岌，仍旧贯也；穹隆壮观，旁翼以栏，新改作也。予居鼓山，地实接壤，虽嘉经始之有人，复难继美而勿替。伏愿此桥与湖山、东海并垂不朽，功岂让夫前人！爰叙大概，以告来者。

新来桥

在江口镇新来桥村（黄岩县志未载），始建年代不详，是历史上黄岩至海门驿道的桥梁之一。桥呈东西走向的单孔石桥，占地面积为40.5平方米，桥长13.5米，宽3米，净跨6.1米，矢高4米。桥拱券由条石作分节并列砌筑，桥墩由正方岩石相间错砌叠而成，桥东西两端各由15级踏步构成，桥面南北两侧砌筑栏板，有望柱16支，柱头分别雕饰狮、猴，每边设置4盏四面开光葫芦形莲花宝相塔柱。配两只狮、猴。桥面中间置一块82×78厘米缠枝花草浮雕石板。桥南侧拱券梁上镌有"新来桥"三字，北侧拱券梁上刻"大清道光十九年岁次己亥（1839）蒲月吉旦重建"字样。桥整体建筑基本完好，西侧栏板、望柱多有散失，相接榫卯开裂移位。

/////新来桥

原河道深 10 余米，后因桥南开掘新来桥埠，后埠废至河道淤塞，桥废弃。今桥四周为良田、橘园、民房，桥大部被埋地表下。

据传说，古时桥成，县太爷与新娘子相遇，双方为谁先过桥而相互推让，最后还是由新娘先过桥。新娘感激有余，即曰："新人过新桥，保佑新桥万年牢，保佑老爷做官步步高。"县太爷也高兴地说："保佑新娘早生贵子做个状元郎。"村以桥名。

建筑工艺造型别致新颖，桥面两侧望柱柱头雕刻尤为精美，具有独特寓意，充分体现当时工匠高超的雕刻艺术水平，至今县内发现古桥梁望柱有不同层次雕刻内容仅有此处。20 世纪 80 年代被公布为县文物保护点，现公布为第三批区（县）级文物保护单位。

2013 年 2 月，黄岩区政府公布为区文物保护单位。

长春桥

长春桥在江口街道洋头村山头店。始建于清同治十年（1871）菊月（9月）。为单孔，石拱桥桥长 3.7 米，宽 2.6 米，高 3.5 米，东西走向，各有石级三道，桥西原有路廊通山下郎街、绍兴桥、路廊至黄岩县城，往东至下闸玉燕桥，跨东官河折北至双龙桥，蛟龙闸北武圣庙至海门，为黄（岩）海（门）古驿道要津。桥石栏、望柱保存基本完好，"文化大革命"时望柱上石柱被毁。左右中间栏板上镌"长春桥"三字被凿，尚依稀可辨。20世纪 80 年代，为方便车辆上下，东西两端石级被村民用水泥填抹。

桥下为东官河支流，源自江口东呑大仁山之水往东到洋头、东洋潘、山头店。长春桥入东官河，入口宽 11 米。

///// 长春桥

上辇高桥

　　上辇高桥在上辇村东南隅，俗称"高桥头"的地方，为东西走向的单孔石拱桥。往西可达黄岩县城，往东可到海门。据传建于明万历年间，距今已有400多年了。至今即使在上辇生活了几十年的人也不一定知道有这么一座古老的石拱桥，更谈不上走过这座桥。此桥虽没有江口新来桥那样出名，但它的建筑同样宏伟壮观。

　　高桥，顾名思义桥身很高，它是用两层大条石横竖叠砌成的拱桥，桥长12米，桥面宽约3.6米，桥栏上饰有龙凤、狮子、猴子等禽兽浮雕。桥横跨妙龙浦，桥两头有一道道石级。河道宽8米，其北不远处就是永宁江，是古温（岭）黄（岩）出海航道，传说三桅帆船可在桥下经过。

///// 上辇高桥

明清时，太平（温岭）上考的人都乘船经此。由于河道宽且深，此处既是陆上交通，又是水利要道，所以古人在桥东装有闸门，以供排洪泄涝。

世事沧桑，由于陆上交通便捷，河流改道和淤塞，高桥也渐渐衰老，逐渐被人遗忘。20世纪60年代，桥栏被拆，桥面一层条石被人抬去筑了村大会堂靠河的墙基。现在仅剩的一层，爬满了荆棘古藤，即使这样，它仍然顽强地屹立在河上。现古桥大部分已下沉，但桥梁跨度仍有8米，所剩桥石仍整齐地排列。条石间传说用铜条焊接，接缝清晰可见。桥东西两头有直立条石，东头有残存闸壁遗迹，它仿佛在向人们诉说过去的辉煌。

古桥也有一段美丽的神话传说。很古很古的时候，桥下有两只金鹭鸶经常在这里游来游去，捉鱼嬉戏，使淤泥不能淤塞河道。此事被太平（温岭）人知道了，他们用金蟾钓走了金鹭鸶，所以不久河道淤塞，高桥也很少有人走了。

在离高桥西三四百米远的地方，古时有一个四面环水的一千多平方米的小岛，岛内有一幢楼房，被河岸郁郁葱葱的樟、竹、橘林环抱，风景十分优雅。几百年来，当地的人们都称这幢楼为"金銮殿"。相传，宋康王赵构南逃时曾住在这里与部下商讨抗金大计。小岛四周的上辇村经北至后洋殿，往南至前洋八份都有康王的营盘。岛上的楼房也被装饰得花团锦簇，富丽堂皇，俨然一座金銮殿。这里与传说中的上辇被称作皇帝"上辇"的地方。西南面的上澍村传说是皇帝封"夫人"的地方。

迎福桥

迎福桥，俗称小澧桥，在县西35里北洋镇小澧桥村，民国时为黄岩县第六区小澧乡小里桥。桥横跨小澧溪，奔腾不息的溪水经桥下注入永宁江。河口宽35米，为单孔条石砌筑之拱桥。因桥跨度大，如彩虹高悬，又称"仙履桥"。在2010年10月28日—11月18日重修时，笔者发现桥上镌"迎福桥"，故该桥称"迎福桥"。古桥为黄（岩）永（嘉）捷径桥梁之一。

桥始建于南宋，清乾隆二十五年（1760）腊月，静安僧募资重建。桥长24米，桥墩以溪岩壁为基础，垒叠自然块石。桥洞弦长13.2米，

///// 迎福桥

///// 南桥梁中镌"迎福桥"

///// 桥东北至中间平台左右勒阶上各有三对圆孔槽

///// 桥平台左右泄水圆孔

宽 3.1 米,矢高 7.7 米,桥中间平台,嵌方石,上镌荷花图案。东北有石级 15 级,西南正桥 16 级,引桥 16 级,计 28 级。正桥两头第一对望柱各饰石狮,桥上 6 对望柱各饰仰覆莲。桥下中间嵌有团龙云水方石板。在正桥东北至中间平台左右勒阶各有 3 对圆形孔

///// 民国时小里桥门牌

槽,东北平台靠内处有 2 圆形孔槽,笔者以为是当年桥亭遗迹,年长月久,已不为人所知罢了。在桥西南岸亦留有当年航船系索石柱,它与"迎福桥""桥亭"一样,因年代久远而被人逐渐遗忘,也足见小澧桥历史之久远与繁华。1982 年 2 月,被列为县文物保护单位。(重修时于 1985 年 11 月公布为县文物保护单位。)

南宋时,小澧桥市与路桥市齐名,是黄岩两大商贸市场之一。每逢古历六、十集市,黄岩东部的五金、洋油(煤油)、洋火(火柴)、洋皂(肥皂)、纸烟、纱、布、咸鲜、肉等,由小商小贩从水、陆两路运往小澧桥市。西部的竹、木、柴炭、笋、木板等山地货由山民们肩扛挑,或用船排运往小澧桥市进行交易。昔日的小澧桥下,航船云集,街上商店林立,摊贩挨挤,人头攒动,一派繁华的景象,小澧桥为沟通东西文化和

物资交流发挥了重大的作用。

民国后期，陆上交通开始发展，小㵧桥市逐渐衰落。特别是中华人民共和国成立后，黄岩至长潭、黄岩至宁溪公路的开通，更加快了东西文化、物资的交流、人员的往来。现今，离小㵧桥街不远处的北洋街，各种商店、超市鳞次栉比，副食品、日用品、电器琳琅满目，应有尽有，彻底取代了小㵧桥市。小㵧桥也已完成了沟通东西两地的历史使命，它苍老了，桥上杂草丛生，拱石倾斜开裂，人们也很少从它身上走过，偶时有爱好古迹的人们去光顾，去为它拍照留影。

250 多年来，小㵧桥见证了历史的沧桑与巨变，见证了社会的发展，为了保护这一历史古迹，黄岩区政府、黄岩区文管会、博物馆从 2010 年 10 月底开始对古桥进行保养修理，至 11 月中旬，已告竣工，并在桥下两岸等处垒石砌坎。重修后的小㵧桥又英姿勃发，以崭新的面貌展

///// 桥东仰覆莲、狮望柱、桥下中间团龙云水图刻、桥上中间新荷莲图刻

///// 未修前的小澧桥

///// 2004 年小澧桥街

///// 2010 年小澧桥街

现在人们的面前，让人们世代瞻仰、怀念。

　　清贡生曾载在兰舟催发之时写下《小澧桥口占》诗："十里长亭复短亭，水边杨柳正摇青。牧童一派乌盐角，吹断天涯客子心。"

兴隆桥

  在上垟沈岙村，青龙山下，又称青龙桥。呈东北至西南 48°走向，横跨上垟溪。此桥是黄岩至乐清古道之单孔石拱桥。始建年代不详。据现存兴隆桥碑载，桥于民国二十三年（1934）曾进行修缮，另一方兴隆桥碑纪年缺失，当在此前。

  溪宽 15 米，桥长 21 米，宽 3.4 米，净跨 11.6 米，高 5.4 米，拱券系并列分节砌筑。桥面两侧实体栏板，桥心长 0.9 米，宽 0.72 米，石浮雕被水泥涂抹。桥基呈八字形，桥心石右侧横梁上阴刻楷书"青龙桥"字样。望柱上饰柱狮、圆球、仰覆莲。狮饰在"文化大革命"时毁。桥两侧各设 27 级石阶以供上下。

/////// 兴隆桥

///// 清·民国廿三年（1934）乐助碑

兴隆桥（青龙桥）整体结构基本完好，气势雄伟。2013年2月公布为区文物保护单位。

桥面内栏板长2.9米，中心宽2.20米，斜柱2.7米，下2.20米，再下1.95米。南坡到桥台长9.73米，北坡到桥台9.73米。

兴隆桥为东西两洞结构。至中间各五区块，每区由10格用一根横石相隔，每格内有10根直石条排列。底座由4排横石相叠，左右又有4排条石加固。

瑞岩寺叠石桥

///// 瑞岩寺叠石桥

北洋水碓坑桥

///// 北洋水碓坑桥

在北洋水碓坑，始建年代不详，高广未测。

龙潭桥

    在沙埠佛岭水库内军营溪上,始建年代不详。桥南北走向,是沙埠通往佛岭大虫坑(大虫,又称老虎)、南呇村山区,直至温州、乐清的交通要道上,为单孔垒石桥、桥东南有龙潭。

    桥由自然块石垒砌而成,呈拱券状,两侧桥墩以岩体为基础,桥面用鹅卵石铺饰,长 21.8 米,宽 3.7 米,高 6.39 米,跨径 11.5 米,南北两端各有 13 级踏步。

    据村民传:桥东原有兴隆庙,2005 年重建,旁有"南无阿弥陀佛"摩崖,因年久,字迹模糊不清。

///// 龙潭桥

方山寺石拱桥

///// 方山寺石拱桥

　　在方山寺东、方山水库大坝前，又称蟠龙桥，块石垒砌。桥面宽 1.88 米，下宽 3 米，两头墩宽 6 米，高 3.85 米。

永宁桥

在县北 20 里屿下乡西岙村永宁堂前，始建年代不详。堂在清雍正年间圮，乾隆二十年（1755）瑞岩僧昭学重建置产。

///// 永宁桥

福星桥

在路桥邮亭，跨南官河，俗称卷洞桥。始建于明洪武元年（1368），为单孔石拱桥。桥长 14 米，宽 3 米，净跨 8 米。矢高 3.85 米。两端引桥石各 3 米。桥面由三块条石排成，两端各设踏跺 10 级。桥于清雍正十年（1732）蔡氏重修，民国二十五年（1936）蔡仲玉、蔡宝珩、蔡宝莲重修。九月，任重〔路桥河西人，光绪廿九年（1903）癸卯科，北京大学堂师范科毕业，任内阁中

///// 福星桥

书、任广东临高知县、山西岢岚知事、浙江永康县长〕在栏板上题"福星桥"额。

桥东南原有古亭，明嘉靖壬子（1552）被倭寇焚毁。为纪念抗倭义士蔡德懋，当地民众募资重建。袁令应祺题额"福星亭"，亭前立碑，南京刑部右侍郎王宋沐题"慨安"二字。意纪念嘉靖二十年（1541）和二十四年（1545），沿海两次洪灾，蔡德懋慷慨解囊，开仓济民。倭寇入侵，蔡德懋率众擒倭首8人，保家安民。

2002年3月，公布为县级重点文物保护单位。

永济桥

///// 永济桥

在乌岩头村溪上，始建于清咸丰九年（1859），民国二十年（1931）重建，桥由块石加条石叠砌成单孔拱券状。1997年，乌岩头村至上潘村道路改造时，本村村民义务劳动，各界资助对桥进行修理，桥旁竖有青石质碑一方，一面镌清咸丰九年建桥乐助姓氏，另一面镌民国二十年及1997年村道改造时各界

资助，村民义务劳动事。

重建永济桥碑记

重建永济桥碑记（额）

民国 20 年（1931）石板桥

重修乐助芳名上第一列 21 人，第二列 20 人，计 41 人。

下部镌：公元 1997 年乌岩头至上潘村道改造工程除木料，
村民服义务工，各界热情资助，特刻此碑，以留芳名。计三列，
各列约 18 人。

石碑左右各有被凿字迹，背阴镌清咸丰九年（1859）建碑文。

桥块石加条石叠砌成拱券形。

白岩潭石拱桥

在宁溪白鹤岭下村新桥里白岩潭山麓，清代建筑，占地面积 46 平方米，南北走向，依山而筑，架于山崖石壁上。桥长 10 米，宽 2.7 米，桥拱跨径 11 米。矢高 5.36 米。桥墩由长方形条石相叠砌筑，桥拱作纵向并列分节而砌，条石铺作。

据悉，该桥下原为深达 10 米的深潭（现已填没）。当时这条蜿蜒山路，只能行人通过，而轿、马无法通行。为便于畅通，在山崖中砌筑了此桥，成为古时宁溪至黄岩的重要交通要道之一。

白岩潭石拱桥虽建筑体量不大，结构简单，但有其建筑独特的一面，即悬空建在半山崖上，具有一定的文物保护价值。

布袋坑叠石桥

///// 布袋坑叠石桥

仙人桥

在松岩山天梯头北溪中,高约3米,长约11米,宽1米,两墩各6.5米,横架在松岩山潮溪上,系一天然造就的石桥,当地村民谓之为仙人桥。

///// 仙人桥

石梁桥

黄岩三桥

　　古时，黄岩的头陀桥、院桥、路桥（新安桥）是黄岩的交通枢纽、商贸中心，又是黄岩、临海、仙居、乐清、永嘉、温岭等县的物资集散中心，被誉为"黄岩三桥"。

头陀桥

　　头陀桥地以桥名,在县西北20里。北宋时建市。为县西及临海、仙居、永嘉、乐清4县物资集散地(《黄岩志》),水陆交通十分便捷。又是黄岩古县水稻主要产区,闻名黄岩的蔗糖(头陀红糖)的主要产区,所产萝卜色泽亮丽,味道甜美,让人喜爱。"头陀",原梵语,意指行脚乞食之僧。据《黄岩县志》载:头陀桥"乾隆庚寅(1770)僧荣法募修",(荣法:上迎堂,又称红花洋堂僧。)桥在头陀街中,石拱形。

　　桥长约30米,宽3米,为单孔石拱桥,横跨元同溪。桥两头各有十多级石阶,两旁栏柱各雕琢精美的石狮等瑞兽。20世纪60年代,元同溪改道,桥被毁,坚固的地方甚至用炸药炸。

新安桥

南宋嘉定《赤城志》载：新安桥（路桥），在县南三十里，地以桥名，旧名新安镇，又名路桥。桥在路桥街廿五间路中，古路桥集市粜糠之地（又名"粜糠桥"）。南北走向跨长 3.3 米，宽 3.1 米，两旁石栏，各四柱，上饰狮。旧时桥下可通船只，为交通之重心。1949 年后，河道淤塞、船只停航，并拆去桥栏，1995 年恢复桥栏。古时，每年元宵节，"大脚灯"可跨过桥。

路桥地处温黄平原，河道纵横、水网密布、桥梁众多、物产丰富、手工业发达。每逢农历"三、八"，台温各地商贩云集，农副产品、手工小商品，种类繁多，应有尽有，购销兴旺，市场繁荣。傍河建筑的古街，人称"十里长街。"

///// 新安桥

院桥

　　位于县南 24 里，始建年代不详。旧传桥为石砌拱桥，名柏岙桥。《黄岩志》：古称"院桥"，明时称县桥，清时称"院桥"。此地是黄岩、温岭、乐清三区物资集散地，有"南乡重镇"之称。岁月沧桑，拱桥何时被毁改砌石梁桥，则无所考证。解放以后，曾三次修葺。今桥于 2000 年 12 月重修，名"众乐桥"。

///// 院桥

福寿桥

　　位于县城原东嶽庙（今黄岩农校宿舍）门前。俗称"东岳庙桥"。横跨九峰河上，南北走向的单孔石梁桥。长8米，宽3.5米，跨度为2.9米。桥墩由长条石呈纵向并列铺砌。上层为叠涩出檐状，做纵横承托桥面条石，桥面由五条徵拱形青石并列组成，桥面东西两侧由栏板、望柱相连、望柱顶饰狮、猴、仰覆莲。桥东梁镌："大清乾隆庚午（1750）三月谷旦易文永建造。清同治九年（1870）岁次庚午阳月，吴德庚重修。"桥西梁镌："龙飞大清道光二年（1822）桃月重建。"桥西栏板镌："民国二年（1913）重修。"2004年，为增加九峰河排水断面，加高桥墩50厘米，桥面全部抬高。

　　福寿桥基本保存完好，体量虽小但有其建筑特色，有一定的文物保护价值。

///// 福寿桥

绍兴桥

位于江口山下郎街，横跨东官河支流，为东西走向的单孔石梁桥，桥西、东有路廊和武圣庙，古时路廊长年免费为行人供应茶水。是黄（岩）海（门）驿道桥梁之一。

桥始建于宋乾兴二十五年（1046）腊月，元延祐四年（1317）桃月重修，清乾隆五年（1740）阳月又重修，嘉庆八年（1803）蒲月重建，桥长7.8米，宽2.23米，高2.7米。（《黄岩交通志》等载：南宋绍兴二十五年建造，长10米，宽2.6米。）两侧桥墩由条石、块石相叠砌筑，桥面由条石做纵向分节并列铺筑。承上部系重涩叠出，置桥面横梁。桥

///// 绍兴桥

213

面较为平坦，两侧抱鼓石各存一只。桥南北侧置栏板、望柱，栏板内外侧刻饰开光云水纹。南北桥梁中间各镌有"绍兴桥"三字，左右开光内镌刻楷书建、修桥年代，桥整体完整。望柱柱头雕饰狮、猴，在"文化大革命"时被毁。桥砌筑雕刻工艺简朴，具江南小巧玲珑建筑特色，为黄岩现存最古老的石桥。

绍兴桥建筑体量较小，建筑结构形制简单，但有一定的文物保护价值。

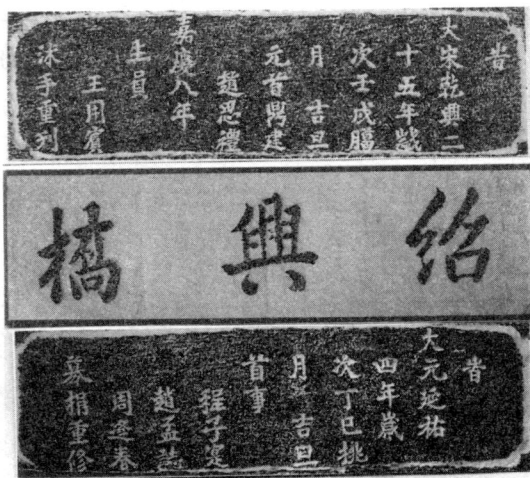

///// 绍兴桥南梁石刻拓片

绍兴桥修建年代之谜

古时，自县城东行，在黄岩至海门的古驿道山下郎街，有一横跨小河，呈东西走向的绍兴桥，它是黄岩最早的单孔石拱平桥。今为就地保护文物。

现桥下淤积，垃圾恶臭，失去了当年雄姿。对于绍兴桥的

始建及修建年代许多文献资料均载："南宋绍兴二十五年 (1155)
建造。元延祐 (1314—1319)、清嘉庆 (1796—1820) 年间曾重修"。
2011 年，笔者发现绍兴桥南北梁中除各镌刻"绍兴桥"三字外，
有四处镌刻着它的始建及修建年代。于是不怕桥下恶臭难闻、垃
圾令人作呕的窘境，曾两次带上宣纸和拓印工具，骑上自行车前
往拓录。

在桥南"绍兴桥"三字右刻有："时大宋乾兴二十五年岁次
壬戌腊月吉旦。元首鼎建、赵思礼。嘉庆八年、生员王用宾沐
手重刻。"南梁"绍兴桥"三字左刻"时大元延祐四年岁次丁巳、
桃月吉旦。首事程子寔、赵孟志、周逢春募捐重修。"北梁"绍
兴桥"三字右刻"旹乾隆五年岁次辛酉阳月，无名氏重修。龙飞
嘉庆八年岁次癸亥蒲月，吉旦，僧德贤、领僧观心、章周氏"。"绍
兴桥"三字左刻"首事王文广、朱圣赐、郎君虎……(共十四人，
略) 重修。"

从绍兴桥梁刻，我们可以知道绍兴桥始建于宋乾兴二十五年，
岁次壬戌腊月 (十二月)，元延祐四年 (1317) 岁次丁巳桃月 (三月)
重修，乾隆五年 (1740) 岁次辛酉阳月 (十月) 重修，嘉庆八年 (1803)
岁次癸亥蒲月 (五月) 重修的史实。补正了有关史料的估计年代
"元延祐 (1314—1319)、清嘉庆 (1796—1820) 年间曾重修"的记载。
同时又补充了该桥曾在乾隆五年 (1740)10 月重修的史料。

但是，嘉庆八年 (1803) 蒲月 (五月)，由生员王用宾沐手重
刻的桥刻，给我们设置了几个谜；

其一：始建年代，大多认为绍兴二十五年(1155)，岁次应是"乙
亥"。但桥刻"大宋乾兴二十五年"，查乾兴无二十五年，仅元年
(1022) 是壬戌，如往下推至二十五年，则北宋庆历六年 (1046) 岁
次丙戌或显道十五年 (1046) 岁次丙戌，均非"壬戌"。但桥名又

是绍兴桥，笔者认为此桥如建在绍兴二十五年(1155)必岁次"乙亥"又非"壬戌"。难道嘉庆八年(1803)五月生员王用宾搞错了？但他却很郑重其事地刻上"沐手重刻"。此难解之一。

其二，桥北梁石刻："大清乾隆五年(1740)岁次辛酉"，但五年岁次该是庚申，非"辛酉"，而六年(1741)是辛酉。照理王用宾不会再有这样的错误，难道镌刻之时，都无人发现？

其三，《黄岩交通志》等载："传说太平军经过此桥，下马跪敬"，但此桥没有什么特别之处，太平军为何经过此桥要下马跪敬呢？

笔者希望与广大有识之士共同探讨，解开绍兴桥之谜。

一、绍兴桥，久传或有关资料均载始建于南宋绍兴二十五年(1155)。但绍兴桥梁石刻均无"绍兴二十五年"字样，南梁石刻"大宋乾兴二十五年岁次壬戌(1022)"，而绍兴二十五年岁次是"乙亥"，非"壬戌"。又：仅元年"壬戌"，无"二十五年"，如往下推至二十五年，即北宋"庆历六年丙戌"或"显道十五年丙戌"，均非"壬戌"。

二、桥北石刻："大清乾隆五年(1740)岁次辛酉"，但乾隆五年岁次"庚申"。非"辛酉"，而六年(1741)是"辛酉"。

南梁石刻：肖 大宋乾兴二十五年岁 次壬戌腾 月吉旦 元首鼎建赵思礼。嘉庆八年 生员 王用宾 沐手重刊

南梁中刻：绍兴桥

南梁左刻：同时大元延祐四年岁次丁巳桃月吉旦首事程子寔
　　　　　赵孟志 周逢春 募捐重修

绍兴桥北梁右刻：时 大清乾隆五 年岁次辛 酉阳月 无名氏 重修 龙飞嘉庆八 年岁次癸 亥蒲月 吉旦 僧德贤 领僧观心 章周氏

北梁中刻：绍兴桥

北梁左刻：首事　王文广　朱圣赐　郎君虎　王显宗　吴钦宜　张廷鳌
　　　林兴盛　郎成松　罗如楦　周贵祥　周□朝　罗如□
　　　郑元□　重建

石刻高 16～18 厘米，广 59～65 厘米。行字不等，均直书。"大宋""嘉庆""大元""大清""龙飞"行各抬一字，周饰边框。

柳桥

位于十里铺（路口铺）南，俗称分路牌的地方，桥南北走向。河宽7米，其北有五间面路廊、茶亭。内有香积寺。古有分路牌（碑），后佚。桥北通县城，西至黄土屿、店头、柏岙（秀岭）入乐清，当地称为"温州路"。院桥之水经此桥下入东官河，村民称河为"温州河"。离桥西50米河上有闸，俗称闸头。

柳桥之南通坝头、桐屿、马铺、路桥、石曲，入太平（今温岭城关），称黄太驿道，它紧依东官河和104国道。

柳桥始建年代不详。2014年，因汽车来往超负荷断毁、改建为钢筋水泥桥板。从拆下的两块桥梁上各镌有重修时间。一镌："嘉庆元年

///// 柳桥

///// 柳桥、梅关拓片

（1796）孟夏，柳桥、张门陈民重修。"一镌"同治拾壹年（1872）桃月，梅关陈松仝男朝杰、朝栋、孙名树、名鹤重修"。石梁长3.39米，宽50厘米，厚22厘米。

柳桥东西原有望柱五根，南北两柱各饰狮，被患精神病者所毁。中间三柱饰仰覆莲，栏板镌菊花等图案。西中间一栏板外镌"柳桥"二字，内镌"团结桥"栏板掉河中。

1956年，黄岩县院桥区温州河水利委员会题"1956年1月15日"。由于社会的发展，公路加宽、交通便利，古驿道已成历史，很少有人来往，逐渐废弃，驿道上原来铺砌的石板路面，被水泥石子路面代替，路廊也毁于2000年8月以后。当地民谣："早时（过去）乘凉路廊头，创机（现在）乘凉坐桥头。"2014年后连乘凉也无人坐桥头了。

廻龙桥

　　位于横山头南街，始建年代不详。横跨南官河，呈东西走向，占地面积为 60 平方米。桥长 28.7 米，宽 1.8 米，高 3.5 米，为三孔石梁桥。每组桥墩由三根硕大方形石柱呈竖立支架状而筑，桥面由三根纵向横砌条石构成，共有四组纵向桥面石铺筑。桥两侧望柱柱头间隔雕刻狮子、重瓣莲花，桥中心栏板外壁镌"回龙桥"三字。桥南置抱鼓石一对。

廻龙桥

高雅桥

　　位于县城迎熏门（俗称"大南门"）外，高洋村与雅林村之间的西江上，此地旧有雅林渡。因往来委羽山大有宫羽士黄理贯（1891—1945），路边村人，向县城士绅募资，费时两年，于民国二十六年（1937）冬建成。桥四墩五洞，长39米，宽2.5米，高7米，石砌梭墩，桥面平坦。因桥处高洋与雅林两村间，故名高雅桥。桥西有路廊，藏"高雅桥记"石碑一方（今佚）。

///// 高雅桥

高雅桥碑记

周缉光

吾黄出迎熏门三里许，由高洋而至雅林中隔西江，一水盈盈，交通阻梗，行人到此，辄兴望洋之叹。昔年故友郑柏心尊翁杏堂先生，曾经斥资独立创办义渡，便利行人，固属甚众徒以江西辽阔，水流湍急，纵有舟楫或遇风雨簸荡堪虞，郑公每有兴造梁之议，卒因筹费不易，乃竟赍志而归道山，兹有委羽山大有宫黄羽士理贯，本内修补行之旨，见义勇为，以建设此桥视为急不容缓，爰于丙子年，发起劝募筹集钜款鸠工疪材，不辞劳苦，两易星霜，建造石桥五洞，计长十余丈，颜曰高雅桥，工程坚固。丁丑年冬，开始克完成，适时值非常，日机肆扰，一闻警报，邑中人避险争趋，扶老携幼，经斯桥而过者络绎不绝。七无惊，嘉惠行人，功匪浅鲜。回忆昔年郑公杏堂虔心积虑，经数十年，未获实现引为遗憾者，今黄羽士竟一旦毅然而成之，诚为难能可贵，是以撮其颠末，乐为之记。俾勒于石，永垂不朽，云尔。

镇锁桥

位于院桥鸡笼山下的鉴洋村与山头陈村间的鉴洋湖上，又称鉴洋桥。它横跨鉴洋湖水面，呈东西走向，略偏南，呈"U"线形如网兜拦截太湖山之水，防止直泻下游，造成水灾，又能关住院桥一带风水，不使外泄。又称镇水桥，为明清时期的坝式石桥，桥东侧为鉴洋村，西为山头陈村及鸡笼山，南为农田橘林，北临鉴洋湖尽头及良田。

镇锁桥，由一座主桥和两座子桥以及堤坎式引桥构成。主桥三孔，长16.5米，宽2.1米，主孔跨度4.7米。桥面由长条石呈东西向并列铺砌，主桥三孔桥墩采用浮桩形式砌筑。即先用径30厘米粗松木直插湖底做桩基，然后再上砌十层以上参差不一的条石做呈叠涩山檐状，纵横错缝相叠，承托自下而上垒叠而成。整桥砌筑无榫卯槽孔相接，采用平行置放法砌筑，已历400余年，整体未见出现大移位、倾斜现象。但局部桥质较脆，部分望柱、栏板表面出现斑驳、石缝开裂移位现象。

在主桥南横梁上镌有隶书"镇锁桥"三字及"乾隆五十六年重修吉旦"等纪年文字。主桥北侧横梁上镌"镇锁桥"三字，字体略小，左下方镌有60字左右纪年文字："……龙飞乾隆五十六年（1791）重修，岁次吉旦……法轮寺住持……助钱二千文……"桥南北侧望柱头分别雕有狮、猴、仰覆莲，狮猴形态各异，栩栩如生，主桥向东西两端延伸出2座单孔引桥。引桥由不规则岩石相叠而成，桥面石板铺筑，面宽、望柱、栏板，高度与主桥类同，全桥长135米，宽2.5米。在桥墩南侧有"清澄鉴水"四字石刻。

鉴洋桥，构思新颖，把三座系列石梁桥与长堤有机地结合在一起，极大地丰富了该桥的文化内涵，无论其建筑工艺还是独特的营造方式都堪称一流，具有较高的科学艺术及历史文化研究价值。

2009 年，国家住房与城乡建设部批准鉴洋湖为第六批"国家城市湿地公园"。

2017 年 1 月 13 日，公布为省重点文物保护单位。

镇锁桥的故事

在院桥的鸡笼山南坡下，有一个宽一里、长五里的鉴洋湖，湖的东面有一座 135 米长、2.5 米宽的石桥，名叫镇锁桥。这座桥好似长虹卧波，为辽阔美丽的鉴洋湖增添了古老的色彩。这座

///// 镇锁桥

桥又像一条铁链，横跨湖的两岸，给人几分神秘的感觉。这座古老而神秘的长桥，在当地流传着一个神奇的故事。

相传很早以前，在烟波浩渺的鉴洋湖里，住着一条善良的小白龙和一个千年河蚌。小白龙和河蚌朝夕相处，亲密无间，成为一对好朋友。小白龙遵守天规，辛勤尽职，按照农时季节及时兴云播雨，使鉴洋湖四周方圆数十里的庄稼岁岁丰收，人民安居乐业。

不知何时，鉴洋湖来了一条黑龙。有时它潜伏在湖底，张开血盆大口，使湖面形成了一个大旋涡，而且越旋越急，把湖里大量的鱼虾卷进它的肚里；有时它摆动着大尾巴，湖面上立即掀起滚滚巨浪，使过往船只无法通行。它发起脾气来，把湖水推到岸上，淹没大片庄稼；它闲着无事时，就吐吐毒气，寻欢作乐，祸害两岸人民。黑龙的出现，打破了往日平静的生活。

黑龙凶残暴虐，作恶多端。小白龙多次好言相劝，叫它离开，黑龙不但不听，反而恶语相加。小白龙为保护千顷庄稼和两岸黎民百姓，实在忍无可忍，就奋起和黑龙进行搏斗。它们从上湖打到下湖，从湖底打到天空，一直打了三天三夜，直打得天昏地黑，日月无光。据说上湖和下湖有两个深潭，就是它们当年打斗时留下的痕迹。

由于这条黑龙十分凶恶，又力大无穷，善良的小白龙哪里是它的对手，体力渐渐不支，到后来只有招架之功，没有还手之力了。眼看小白龙就要败下阵来，它的好友千年河蚌立即上前奋勇参战。它瞅准时机，张开两扇硕大无比坚如钢铁的硬壳，把黑龙尾巴紧紧夹住，使它无法甩动。小白龙趁机脱身跃出水面，驾云直奔南天门，向玉皇大帝去告状。

当时，玉皇大帝正坐朝议事，听了小白龙的话，勃然大怒，喝道："何方妖龙，竟敢如此无理，违犯天条，罪责难逃！"玉帝当即下旨，令太白金星和托塔李天王带上"斩妖剑"和"镇妖锁"，马上随小白龙一起去捉拿黑龙。

太白金星和李天王领了玉旨，带上"宝贝"，点齐天兵天将，出了南天门，由小白龙引路，浩浩荡荡，直奔鉴洋湖。不一会儿，太白金星和李天王来到了鉴洋湖上空，站在云头向下细看，只见千年河蚌用两扇铁壳夹住黑龙的尾巴死死不放，夹得黑龙尾巴鲜血直流，把湖水都染红了。黑龙张开血盆大口，想用锋利的牙齿把蚌壳咬碎。不想这个千年河蚌已修成正果，壳硬如钢，黑龙不但没把蚌壳咬碎，反而把自己的牙齿咬断了，张着大口，呼痛不止。

托塔李天王在云头看得真切，抓住这个有利机会，举起"斩妖剑"，只见一道耀眼的白光闪过，一条门板大小的龙舌被割掉了。霎时间，黑龙口里鲜血淋漓，痛得在水里直打滚。

这时，太白金星也不敢怠慢，抛出了"镇妖锁"。说时迟，那时快，"镇妖锁"见风就大，射出了万道金光，只听得咔嚓一声，黑龙的头颈被"镇妖锁"紧紧锁住，无法摆脱，只好喘着粗气，瘫在水面。为了永镇妖精，免得它将来再兴风作浪，残害百姓，太白金星和李天王经过商议，各自吹了一口仙气，镇妖宝锁立即变成了一座高大的石桥，两条长长的锁链变成了两道长堤。随后，两位星君又命令天兵天将，把这条作恶多端的黑龙压在桥下，把两条长堤分别牵向南北两岸，用力拉紧，使这条恶龙永镇桥下，永世不得翻身。由于这座桥是镇妖金锁的化身，所以大家都叫它"镇锁桥"。

妖精被擒，乌云散尽，风和日丽，天高气爽，鉴洋湖又恢复了往日的宁静。两岸的庄稼也长得分外茂盛，在小白龙的庇佑下，人民安居乐业，生活越来越甜。那条被锁在桥下的黑龙虽然舌头被割，无法发出声音；头颈被锁，不能任意活动，但是它贼心不死，还想挣脱锁链逃往东海。千百年来，它总想借助洪水之力，不断把金锁和锁链向下游拉，所以，我们现在看到的"镇锁桥"，从南向北，两道长堤和石桥都是向东略呈弧形。

讲述人：程立贵，男，50岁，院桥镇南街居民

讲述时间：2007年11月

金清大桥

///// 金清大桥

    位于温岭新河镇披云山前金清港上，五洞。桥以港名。又因披云山上原有净应寺，桥在寺前，俗称"寺前桥"。后又改今名。始建年代不详。因金清港发源于太湖山，有南北二源，大多在温岭境内。其中三段流经黄岩县境，三段均为两县界河。故录于此。乾隆四十年（1775），绅士李粲英、金兑玉、蔡良蔚等募建。费数千缗，知县李汝麟有记。嘉庆初又圮，蔡翔翰、陈见山、蔡友多等重募建，改平桥为卷洞。

    桥长 64 米，宽 4.6 米，高 12 米。拱顶为平台，平台间有 16 级台阶成斜面相连。桥两旁各有望柱 28 支，计 56 支，柱头饰狮、荷等。栏面浮雕花卉，形态逼真生动。桥南北两端建有四角攒尖凉亭。有清代古街，曾是新河最繁忙街区。2003 年曾进行全面整修。

    1988 年公布为温岭市重点文物保护单位。

    2000 年 8 月 12 日，公布为浙江省重点文物保护单位。

双龙桥

位于江口镇下闸村，横跨东官河支流上。呈东西走向。是黄（岩）海（门）驿道桥梁之一。建筑占地面积28.6平方米，桥长14.3米，宽2米，高3.5米，为双孔石桥。两侧桥墩为八层长方形条石横向错缝砌筑。中间设桥墩八层横向条石砌筑。桥面两边砌有栏板及望柱，桥北边横梁上镌"双龙桥"三字，边款小字已模糊不清。同治癸亥二年（1863）重建。

1964年曾修建巨型板，现桥下留有闸槽遗迹。系"双龙闸"遗物。

双龙桥保存基本完整，整体结构较简单，显得古朴大方，具有一定的文物保护价值。黄岩全国文物普查时列入331003—0095号。

///// 双龙桥

玉燕桥

位于江口镇下闸下村，横跨东官河之上，呈南北走向。石桥建于清同治十年（1871），长13.3米，宽2米，高4米，3孔。桥面两侧望柱，栏板保存完好，桥东梁刻"玉燕桥"及始建年代。

石梁桥原建在上游"洪昌欣妻徐氏节孝坊"东。1964年，东官河道加宽，移今址。石桥整体保存完整，结构具当时建筑特色，有文物保护价值。

///// 玉燕桥

浤洋桥

　　位于院桥盈峇村与牛极村间，距镇锁桥（鉴洋桥）上游2公里处。桥南北走向横跨鉴洋湖水系，为三孔石桥。桥长21.7米，宽2.1米，高4.5米，占地面积46平方米。桥面由五组自然块石构成纵向横列并砌，中间2只桥墩两侧砌成分水尖状。桥基由七层条石组成。其中砌出跳斗拱，层层叠出，以承托桥石面，桥面有18级石阶，以供上下，桥两侧原有望柱、栏板，望柱上雕有石狮。今大部被推入湖中或被毁，仅留东西两块，西面三块栏板。2001年5月时，桥南石阶用水泥抹平，桥中间一块桥板掉入湖中。2002年4月时，西边栏板仅剩一块两望柱。

　　桥原是鉴洋湖两岸水上交通要道，整体结构简单。

　　《黄岩地名志》载：其长60米，宽2.5米。

鉴洋新桥

///// 鉴洋新桥

　　位于鉴洋湖镇锁桥下游，院桥岭下村至螺洋东风之间，是螺洋与院桥必经之桥。三孔梭墩石桥。今少有人行走，桥西剩小路一条，桥面桥板开始脱落。

双庆桥

　　双庆桥，在茅畲鸟山平坑，梭墩三孔石梁平桥，始建于清光绪元年（1875）。桥长 17 米，宽 1.2 米，高 3.4 米，中间桥墩由长条形石块相砌叠，桥墩砌分水。在接近桥面 3 处，砌筑四道纵横相交的悬跳丁头拱，以支撑桥面石。桥面三组，每组由三根条石并列砌筑，每块条石长 3.8 米，宽 0.4 米。桥东首有一青石碑，广尺多，上镌："平坑（横额）、双庆桥（在中间直书）。"右直镌："平坑大清光绪元年，双庆桥邑西畲川金洋杨洪

///// 双庆桥

柏拷……上仝建,小里欢女符牟氏、牟俊仝助路一片。"桥东通往乐清古道。

　　桥历 136 年,其桥构架基本完好。当时,该桥建造促进了黄岩西部平田、茅畲等地与乐清的交往,成为当地重要的交通设施。

　　2013 年 2 月,黄岩区政府批准为文物保护单位。

林家桥

　　位于北洋镇林家桥村高桥头，俗称"寡妇桥"，始建年代不详。系南北走向，横跨九溪河，占地面积约 20 平方米，是前往茅畲必经之桥，桥面未经雕凿的毛石，全长 16 米，正桥长 6.3 米，宽 1.43 米。桥面中间横放两根条石，两头放一根条石。东引桥长 4.1 米，宽 0.78 米，西引桥长 5.6 米，宽 0.78 米。龙箭东长 1.5 米，西长 1.7 米。桥单孔跨度为 5.9 米，深 14 米。桥下东西各用边宽 0.36 米，三根正方条石呈 45°角斜柱状做桥桩。桥结构简单，造型独特，桥墩按其力学支撑点建桥，有一定的研究和文化保护价值。

　　相传北宋间，此地建有独木桥，人们出入常有不测。为村民安全计，林姓寡妇出资造了石桥，后人为纪念她，称其为林家桥，又称寡妇桥。传说桥下埋有 300 块银洋，作为以后修桥费用，但至今未有发现。中华人民共和国成立后，因桥有倾斜，村民们出资合力重修，今又有倾斜。

林家桥传说

　　相传在北宋年间，这个地方住着一户姓林的人家，夫妻俩生下一子，单名林根。

　　村前有条河，河上架着一座独木桥。一天雨后，林根和邻居的小朋友拿了一根竹棒在小桥上揽水。不小心，林根跌进河里，泡了几泡，没有浮起来。两个小朋友见同伴落水，慌作一团，不知怎么才好，呆了一下，就大喊大叫起来。

　　林根的爹娘在屋里听见外面喊救命，急忙出来，不见自己的

///// 林家桥

儿子，知是儿子落水了。林根爹跳进河里，找来找去，找不着儿子。林嫂呼天喊地，也恨不得跳下。一个邻居小青年见林哥还没上来，林嫂又哭得死去活来，就奋不顾身，跳进河里。他找来找去，只见林根爹抱住儿子在水里挣扎。小青年用尽平生力气，把他们父子俩打捞上来，但救不活了。林嫂扑在亲人身上，哭得死去活来，要跳河自尽，众人苦苦劝住，陪着落泪。

从此林嫂成了寡妇，她日日纺麻织布，勤劳俭省，晚年积了一笔财产，立志要在村前小河上修一座宽宽大大的石桥，造福世代。一天，她邀来村中几位长者；讲明了自己心愿。老人们满口赞扬林嫂为全村人办好事，人人奔走相告，大家表示林嫂愿意出钱，全村人出力。经过几个月的努力，建造了一座石桥。

桥造好后，林嫂又拿出一笔钱，买了鱼肉，办了几桌酒菜，慰劳全村造桥的村民。

众人为了表彰林寡妇的功绩，就把这座桥叫林家桥，以后连村名也叫林家桥了。

整理者：邱来根

屿头街石桥

///// 屿头街石桥

沌桥

///// 沌桥

　　位于上郑乡农村（圣堂），当地人称"黄岩桥"，长47米，宽4.2米，高6米，三孔拱桥，在三孔相隔处有小石拱3孔，始建年代无考。

山卡石梁桥

位于茅畲至山卡溪间，二孔石梁桥，桥中间石墩梭形，始建于明代。

///// 山卡石梁桥

沙埠溪桥

　　位于沙埠上街头，约始建于清末民初。石质、九孔。宽约 1.5 米。桥原长 60 余米。后因溪左右两岸路道拓宽，各有一二十米被填。今尚长 40 余米。桥墩用两根直石柱左右支撑石横梁，两墩之间架以石梁，上复石板。为防山洪冲毁，在石柱左右各加斜柱加固。以前过桥时，曾发生多起人畜死伤事故，才加上铁护栏。

///// 沙埠溪桥

觉慈寺桥

桥在宁溪上蒋村觉慈寺东南，横跨溪上，长 58 米，16 孔，宽 2 米，全长 90 米。

2010 年洪水冲毁。

///// 觉慈寺桥

得胜桥

位于县东南 30 里路桥河西庙前,"宋宣和(1119—1125)中建,以剿寇得胜于此,故名"。《嘉定赤城志》载:"宋宣和寇乱,倡南乡,乡人祷焉,翼日与寇战庙前桥上,见神立空中,飞矢石如雨,寇惊走,南乡获全,其名曰得胜桥。"

旧桥为三条梁石铺就,两端各铺三条渡石,成南北走向,横跨官河。今桥已毁,仅遗"清道光十五年(1835),岁次乙未阳月毂旦得胜桥,保下太学生于春年重修"的石梁。该石梁在重建的河西庙内,石长299 厘米,宽 53 厘米,厚 28 厘米。《黄岩县新志》又载:"俗传宋时神以侮范真官锜,被谪,邑人林氏为之传书,报以保婴秘方。"

///// 得胜桥

《旧志》："国朝康熙三十六年（1697）涉建东门外复圮，乾隆九年（1744）潘亨、蔡孔佐募建。咸丰辛酉（1861）十一月十七日寇毁，同治初重建。"今河西庙、得胜桥均毁。（得胜桥照片翻拍于《黄岩地名志》）

得胜桥石刻

大清道光拾有伍年（1835）岁次乙未 阳月毂旦

得胜桥

保下太学 生于椿年 重修

桥梁石刻在路桥重建河西庙内。高 21 厘米，广 100 厘米。上款四行，行四字直书。"得胜桥"三大字横书。每字广 14×15 厘米，下款三行，行四字，唯末行二字直书。桥石全长 299 厘米，宽 53 厘米，厚 28 厘米。旧桥以三条石梁成南北走向，横跨官河，桥两端各铺三条渡石。据《嘉定赤城志》载：新安河西庙，在县南三十里。宣和寇乱，逼南乡，乡人祷焉。翌日与寇战庙前桥上，见神立空中，飞矢石如雨，寇惊走。南乡得全，其名桥曰："得胜"，谓此也。《黄岩县新志》又载：俗传宋时神以侮范真官锜，被谪。邑人林氏为之传书，报以保婴秘方。（旧志）国朝康熙三十六年（1697）徙建东门外复圮。乾隆九年（1744）潘亨、蔡孔佐募建。咸丰辛酉（1861）十一月十七日寇毁。同治初重建。今河西庙、得胜桥均毁。

戚继光绝倭桥

位于金清双升村与德新村之间，戚继光绝倭纪念馆后西北处。

明嘉靖年间（1522—1566），倭寇焚掠路桥、长浦、下梁、泽国等地，戚继光领兵抗倭，大灭倭寇于分水、双升等地沥沟。清道光年间（1821—1850），梁学龙等建三孔石质"汇龙桥"。民国三十二年（1943），抗日战争兴起，遂改名"绝倭桥"。后桥圮。1965 年重建时后移 40 多米今址。桥长约 30 米，西梁中镌："明戚继光将军绝倭处，1965 年 2 月重建。"清道光间汇龙桥石碑一方，字迹漫漶不清。

绝倭桥为三孔石桥，中孔跨 11 米，边孔各跨 6 米，宽 2 米，桥面石板平铺，略呈弧形，中间略高两端低，两侧各置石柱、栏板 11 块，

///// 明戚继光绝倭沥重点文物保护点，吴启泉摄

///// 戚继光绝倭桥及构件

高 0.45 米，东侧中间石梁镌："明戚继光将军绝倭处，公元 1965 年重建。"桥墩分上下两部分，下端用长条石纵向水平错缝砌筑，并作分水尖，上端长条石纵横叠砌，在石质叠梁部位出斗拱起跳，施华拱两道。

2019 年 4 月 16 日，编者与妻赵佩玉，友吴启泉、沈中兴、陈志平等又去实地，但遗憾的是桥于 2016 年左右因危桥被拆，部分构件堆放于河岸。

"明戚继光绝倭沥重点文物保护点"内塑戚继光及抗倭人物像。现存建筑重建于 20 世纪 80 年代初，坐西北朝东南，四合院式，共 25 间，占地 1236 平方米。前厅重檐悬山顶，二层，七开间，砖混结构，琉璃瓦盖顶，有明间置戚继光坐像，高大威武，神采奕奕，像前设两尊石狮，两次间陈列戚继光抗倭事迹画像。前厅后紧连戏亭，正屋五开间，单檐硬山顶，八檩加廊柱、抬梁、穿斗混合梁架结构。内设戚继光像，左右厢房陈列一些民间佛像。

打网桥

位于峰江，打网桥村西北（旧志在四十一都），始建年代不详。相传钱王铁券没此水中。后为渔者网得，故名。（《旧志》误作"打马桥"）

南宋德祐二年（1276）元兵攻破台州时，铁券被钱府家人趁乱窃去，不知下落。至顺二年（1331），渔人于此河中网得（时黄岩称黄岩州）。至此佚失55年的唐昭宗赐钱镠铁券又重见天日。初渔人疑为宝物，试用斧击之，呈铁质，将它弃之角落。村内有一学究，听闻此事，以铁价

///// 打网桥

购得，但二人均不知其字金质。后临海东乡岭外，钱镠后裔叔环之兄获悉，用十斛谷（一斛十斗）换得。后归嵊县长乐武肃后裔。现藏北京故宫博物院，为国家一级文物。

打网桥：《光绪·黄岩县志》载：在四十一都，相传钱王铁券没此水中，后为渔者网得，故名。

打网桥，长约 11 米，宽 2.3 米，高 3.7 米，桥面距水面 2 米，为二墩三孔石平桥。中间两墩均由三根长条石竖立横排，上置压条石，以均匀承托桥面压力。桥面原有九块长条石平铺，每孔上各有三块条石。桥两端桥墩用条石错缝叠砌，保持原样。局部桥板被水泥预制板代替。中间两桥墩各用三根条石支撑，意为"瓶里三戟"，为"官运亨通，连升三级"。

唐钱镠铁券

唐昭宗李晔，于乾宁四年（897）念吴越王钱镠功高，赐铁券（民间称免死牌）于钱镠，旨曰"永将延祚子孙，使卿长袭宠荣，克保富贵。卿恕九死、子孙三死，或犯常刑，有司不得加责"。

铁券呈筒瓦形，面狭中宽，中穹旁垂，高一尺三寸，广二尺一寸五分，厚一分半，重一百三十三两，上镌三百三十字（光绪《黄岩县志》）。一角有斧痕，中嵌金文。宋德祐二年丙子（1276）元兵入台，券失所在。到至顺二年辛未（1331），渔人于峰江打网河水内网得，疑为宝物，试用斧击之，呈铁质，将它弃之角落。

村内有一学究，听到此事，以铁价购得，但二人均不知其字是金的。后临海东乡岭外，钱镠后裔叔环之兄获悉，用十斛谷（一斛十斗）换得。后归嵊县长乐武肃后裔。

明太祖大封功臣时，诏取御览，钱氏祖尚德捧券入朝，温谕锡燕赐还。刘基、朱濂、王祎等咸赐以诗。明永乐五年（1407）正月，明成祖朱棣、差人曹闰驰驿至台，钱氏十七世孙，广西参政汝性同行人奉券进呈，览毕，以礼敦遣，藏于宗子凤墀家。清乾隆三十七年（1772）高宗弘历南巡，裔孙钱选奉券至杭，由刑部尚书钱陈群恭进御览，御制诗一章，赠以宝匣，嵌以文玉，诏还钱氏世守。

涌金桥

　　位于路桥三桥巷，旧名雄镇桥，俗称"三桥"。同治十年（1871）岁次辛未仲春谷旦重修，易今名。桥东西走向，横跨南官河，连接羊巷与话月巷对面的王家里。长 14.8 米，净跨 10 米，高 3.5 米。梁题"涌金桥"，河道口宽 10 米，叠梁式（梁板式）单孔。两端各石交叉砌筑，桥面六块条石铺砌，两旁各饰五块栏板、望柱饰覆莲、柱头饰石狮、引桥栏板饰双狮、香草、如意纹。

///// 涌金桥

中镇桥

　　位于路桥邮亭居中部,俗称"中桥"始建于清乾隆二十四年(1759),光绪二十四年(1898)重修。二孔石桥,东西走向,横跨南官河上,全长12.5米,净跨8米,宽2米,高3.85米,叠梁式,桥面以四条石铺砌,两端各有四条石交叉砌叠,桥面栏板镌"中镇桥"三字和"乾隆二十四年(1759)已卯仲冬吉旦"。桥北栏板镌"拱福星、任重题、大清光绪二十四年(1898)腊月蔡昕重建",分上下二行书,桥面两侧饰仰覆莲望柱,有的上饰狮。

///// 中镇桥

西桥头

　　位于金清下陶，陶宗仪纪念馆南。始建于清。因原桥为木桥，故又称"树桥头"。今为石质平桥，九孔。长约35米，宽0.9米，每孔长2.4米，桥面石板铺砌，石板间用"工"字形榫卯相扣以加固。建筑工艺与后平桥类同。"文化大革命"期间，在中间桥墩上凿"反修桥"字样。

///// 西桥头

四孔石平桥

位于金清下陶，陶宗仪故居西南，始建于清嘉庆年间（1796—1820），石质。长20.5米，宽1.10米，四孔，南北走向。其中2孔长各2米，一孔长2.8米，一孔长1米。基本保存完好。

///// 四孔石平桥

卖芝桥

卖芝桥，路桥五桥之一，在路桥南栅（白洋王），跨南官河，梁板式。长19米，宽2米，俗称"弓桥""卖猪桥"，民国时被改为"卖芝桥"。1988年6月拆除原桥，加宽为20米的车路桥。

///// 卖芝桥

马铺桥

位于县城东南 25 里的马铺乡，乡、村皆以桥名。跨南官河，长 36 米，4 孔，桥高 7.5 米，行车道宽 6 米。

原桥为木结构，建于民国十六年（1927），由黄岩大通人力车公司建，通行人力车。民国二十一年(1932)因修筑黄泽公路时重建，为木台木面，全长 25 米，宽 3.2 米，可通行汽车，抗日战争期间拆毁。民国三十七年（1948）5 月，省公路局第三工程队帮助新建。

1961 年，经省计经委核定改建，温州专员公署交通运输管理局拨款，马铺桥修建工程委员会施工，于 1963 年竣工。

///// 马铺桥

塘桥

塘桥在石曲陡门宫西,俗称"双桂桥"跨永宁河,长20.9米,宽3.5米,高4.5米,为三孔石梁桥,桥墩风蚀严重,路桥五桥之一。

///// 塘桥

防修桥

位于路桥老车站旁,跨山水泾,拱桥长 18.2 米,宽 3.6 米,高 4.6 米。

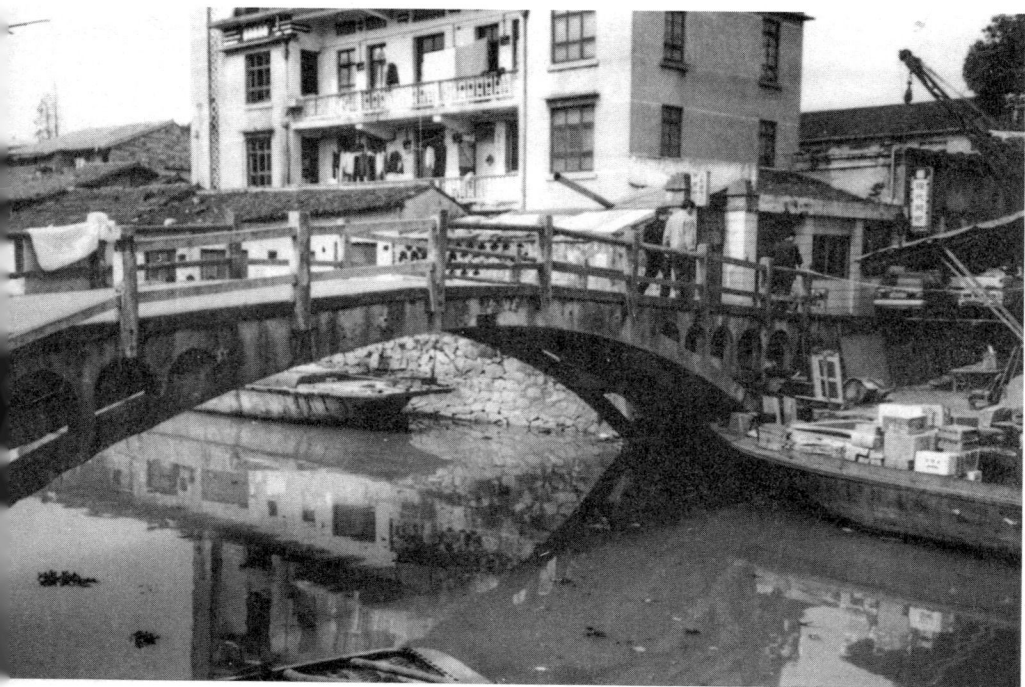

///// 防修桥

白枫桥

位于峰江白枫桥街。始建年代不详，今桥于 1999 年重建，2 墩 3 孔，桥墩梭形。此地古时遍植枫树，每到秋天枫叶变红，其他季节，风吹枫叶白光闪闪，远眺一片白枫林，故称白枫岙、白枫桥。

///// 白枫桥

三才泾桥

　　位于下梁卷桥,与金清大桥并列,始建于1982年2月。桥长23.8米,宽3.9米,高4.3米,三孔石拱桥中拱上有大小五拱券,左右拱上各有一小拱券。桥横跨于三才泾上,河道宽21.5米,桥面左右各有望柱和栏板,建筑颇具特色。

黄氏公桥

///// 黄氏公桥

　　位于金清林家村与双升村交界处，三孔叠梁桥，为清代物。东西横跨长15米，宽1.8米，两端引桥均由三块长条石纵向平铺而成。上面有两块桥板断裂，现用水泥预制板。桥墩分上下两部分。下端用长条石纵向水平错缝砌筑，作为分水尖；上端用长条石纵横叠砌，并在叠梁部位出斗拱起跳，施华拱两道。

静江桥

位于蓬街花门村西南，始建年代不详。为三孔石梁桥，南北横跨。长11米，宽1.2米。桥面由六块长条石纵向平铺，中间高两端低，中间桥面距水面2米，桥墩由长条石成梭形叠砌，上部斗拱形承托桥面。

应东桥

///// 应东桥

　　位于横街四甲村应氏宗祠东南，建于清。此处有两座三孔石梁桥，横跨在青龙铺支流，成直角交接。当地称应东桥。一为南北横跨长15米，另一东西横跨长8.7米、宽1.5米，桥面已改铺水泥，桥面离水面高约1.5米，均以三块石板平铺。每处桥墩为两根长条石竖立而成，上横条石承托桥面石板。现两桥保存较好。

安蓉桥

　　位于峰江桥洋村中部，又名英雄桥，始建于清同治五年（1866），为五孔石梁桥。东西横跨在南官河上，长33米，宽2.3米。原桥面为长条石平铺，两侧有石栏杆，栏板阴刻祥云图案，望柱饰覆莲、狮。桥南侧镌"安蓉桥"三字和"大清同治五年岁次丙寅年桂月毂旦。"桥墩下部由长条石错缝叠砌，上端由长条石纵横交错叠砌，梁叠部位出斗拱起跳，两侧栏板残损严重。桥体中间部分于20世纪80年代重修，改用水泥桥板。

///// 安蓉桥

车头老桥

位于螺洋车头村东面，桥南北走向横跨于三水泾，为单孔石梁桥。长17米，宽2.2米，桥面距河面高约2米。桥墩由长条石并列错缝叠砌，桥面六块石板平铺。两端各有四块石板平铺。桥两端各筑有10余米乱石砌筑的护岸。

///// 车头老桥

管家岸桥

///// 管家岸桥

　　位于路北管前村西北，东西走向，横跨于无名河上，为单孔石梁桥。长9米，宽1.7米。桥墩为长条石纵横叠砌，上施以斗拱出跳，承托桥面，桥面由三块石板纵间平铺。桥始建年代不详。

街头桥

　　位于桐屿立新村东南，初建于清，后曾改建。东西横跨于徐山泾支流上，为单孔石梁桥。全长 10 米，宽 1.8 米，桥面为厚 0.05 米石板平铺，两侧置石栏，栏板素面，高 0.4 米，下以三根石梁承托。两端桥台用方块石错缝砌筑，上部斗拱起跳，做工巧妙。

祥瑞桥

位于路桥潞河社区南，俗称"树桥头"，始建于清代，南北横跨于邮亭河上。长19米，宽3米。桥面平铺石板，南北各8块，两端有引桥石，两侧置石栏高约0.4米。桥墩用方块石错缝砌筑，做成分水尖，石质叠梁部位出斗拱起跳，施华拱两道，桥墩两侧镶嵌一方形花岗石碑，上镌五星和"祥瑞桥"三字。近年来，村民对该桥局部进行了加固。

///// 祥瑞桥

於家桥

　　位于蓬街於家桥村与横街尚家村接壤处，清乾隆四十六年（1781）建。为叠梁式方孔石桥，东西横跨金清巷支流长泾河，长 23.1 米，宽 1.5 米。桥墩以条石纵横交叉分层砌筑。桥面以三条长石并列砌筑，两端各设三条度石及踏跺 9 级。桥面北侧题"於家桥"，南侧题："乾隆肆拾陆年岁次辛丑花月，云墩陈氏合族重建。"桥西有重建的於家桥庙，内存光绪廿八年（1902）石桌及道光二十年（1840）兽足石香炉一台。

古岙前平桥

　　古岙前平桥，原名利涉桥。在路南街道古岙村西面，建于清代，为三孔伸臂式石梁桥。东西横跨利涉河，长 11 米，宽 1.3 米，桥墩中空，由长条石纵横交错叠砌，可减少水流冲击力。加桥面距水面不足 1 米，两侧各平铺三条石，中间夹铺五块小石板，中孔桥面板南侧双勾阴刻"国泰民安、利涉桥风调雨顺"11 字，字径 15 厘米。北侧刻"嘉庆十九年岁次甲戌至春□□"十三字，字迹遒劲有力，如此砌筑较为少见，具有一定的历史科学研究价值。

///// 古岙前平桥

江心桥

　　位于蓬街新市街北端。东西走向，横跨在两条河上，东联南村，西接双联村，该桥原在今桥东北侧约 40 米处，因遭船撞桥塌。20 世纪 50 年代移建今址，桥长 28.42 米，宽 1.92 米，平面略呈"H"状，两端各以踏跺紧接引桥石。桥面古板铺砌，呈弧形，中间高，两端低，两侧为石质栏板，高约 0.5 米，中间桥墩为梭形，石质叠梁部位采用斗拱形制，上下两道华拱，结构明晰。

津

渡

津渡，又称济渡、渡口、渡头。黄岩地域辽阔，永宁江横跨邑境，南北竭东，必跨江而渡，而载诸县志者，共有十渡。宋嘉定四年（1211）前，县城北门(拱宸门)外的江亭渡是黄岩最早的津渡。随着社会的发展，南北交通的需求，嘉定四年即改建为利涉浮桥。明万历四年（1576）前，山头舟有断江渡，道光元年（1821）改建利渡浮桥，只存其八。嘉庆（1796—1820）间，置岙岸渡（丁易渡）。光绪间（1875—1908），建江口渡和七里渡。民国四年（1915）建三官堂渡，8 年（1919）建古竹上渡，20 年（1931）建王林渡。

至民国三十一年(1942)统计，永宁江上建有江口、平安、王林、岙岸、七里、七里王、后洋王、东江、戴家汇、道头、新界、古竹下、古竹上、汇头、三官堂、双楠、小澧汇、亢山、称歇、岩头、长潭、菱湖 22 个渡。此外，还有下梁乡的孟桂渡、金清与温岭河洋间的南岸渡。

长潭水库建成后，黄岩县人民政府为了渡口的安全，相继在小里汇、三官堂、道头等汇道狭窄的渡口建造桥梁，以桥代渡。至 1988 年，永宁江尚有新界、新江、岙岸、王林、王林施、白石道头、江口七个渡口，除岙岸、王林施、江口三个渡使用机动船外，其余仍靠人力船摆渡。截至今天，这三个渡亦已停运。

自 2000 年 6 月，永宁江闸建成以后，永宁江水澄澈，游鱼可见，两岸游步道绿树成荫，亭台游廊建筑精巧，公园繁花似锦，生气盎然。原来的航道渡口已成陆地。有渡的村庄则利用旧建筑材料，重建路廊、茶亭，有的用新建材新建路廊、茶亭，以作永久的纪念。

江口渡

　　位于江口街道后江口（民国时属西山乡），是永宁江（澄江）、灵江、椒江汇合处的永宁江畔，与临海车埭隔江相望。旧时，永宁江宽约一里余，清光绪年间（1875—1908）创设、公立。有石砌码头1座，渡船一只，可容30人。有渡夫陈阿满一人，靠人力摆渡。渡有田四亩，年租谷十石，全部租谷归渡，作为工资。渡堤坝曾于1943年4月进行重修。20世纪六七十年代时改用机器为动力。2000年6月，永宁江闸建成后，渡废。

　　渡口建有路廊、武圣庙各三间（平房），内有天井。路廊石柱因年久残蚀风化十分严重，建筑别具特色，是黄岩临海两地民众和行旅的歇息地和躲避风雨的好去处。夏天为行人免费提供茶水。在距路廊20

///// 江口渡

///// 路廊

多米处建有丁卯年的护国庙和近 400 年的古樟和重建于清道光十九年
（1839）的新来桥。十分遗憾的是 2016 年 11 月 23 日上午笔者向黄岩
电视台介绍了路廊、渡口的历史，下午立即被毁了。

平安义渡

位于县东北 10 里，又称白石渡。在拱东乡白石道头与镇东乡上渚前洋（白石）间，公立。渡北埠头建有平安宫，故名。时永宁江宽约 1 里。明中叶，上渚人金怡熏置舟济人，捐田为修造费事。碑石佚，文入《黄岩县志》。

宣统二年（1910）重修，由董事会组织，董事为张谦甫、林吉士、牟叙章、施有三、僧可正、池太公、鲍又明、林云浦、林吉士、陈甫卿等人组成。有田八亩，由乡人乐助，每年租谷十余石，支出租谷八石，币 140 元。渡船 1 只，载重 4000 斤，渡夫 1 人，靠人力。渡埠用石块砌成，如遇洪水则江沙堆积。

///// 平安义渡

白石渡义舟碑记

明・张粹记

黄岩县治东十里，有渡曰“白石”。江阔半里，东去一舍至金鳌出海，潮汐迅驶，风作波涛，澎減尤甚。南北竭耒，商覉暨邮，使人士过此者繈纚络绎，所渡舟楫礳硚而巨，则謇然悦，所谓千里咫尺也。渡舟或乏，或有舟而窄，惫不足恀，则悯然尤所谓咫尺千里也。江之北津，隶县一都地，旧有佛刹颇闳敞，南岸隶县六十三都，高士金怡薰所居地。怡薰字克坚，读书能诗文，行义昭晰，为众所推，悯此险阻，捐巳捕渔船以之，曰：“宁我食无鱼，宜宏济险，船爹且巩，载艢絇綷鸲錇，罔有不备，委住刹道流张友慧等收掌。仍给田三亩，为永远修造费，义举也。于是踵而嗜义者，又相率舍田，以助友慧大其施相与耒请言用镵之石以寿其传。予素知怡薰者因述而系以诗曰：津有白石江阔涛激或乏艐艃，南北顿隔，仁也怡薰，悯兹危阨、舍舟以济、千里咫尺、倸偖者多孰知种德，遇险若夷伊谁之力”。

碑佚。文在《光绪黄岩县志》，津渡。

王林义渡

王林义渡，在县城东北五里，王林乡、王林村与镇东乡王林洋间的渡口。时永宁江（澄江）宽约一里。民国二十四年（1935）设置，公立。旧有渡船一只，渡夫 1 人，船可坐 21 人。由王如心经理，每年向地方募谷八石，做渡夫年薪。码头下打木桩，上铺石板，如遇洪水，则江沙堆积。

两岸码头各建路廊，王林路廊曰：永乐亭，屋脊上饰虎猫。王林洋路廊曰：法云亭，屋脊上饰狮子，以避邪。

近年，因建台州动车站，永宁江裁弯取直，渡废。王林、王林洋两村干部、群众重视文物的保护工作，将路廊原构件易地重建。王林洋路廊屋脊上仍饰有狮子。王林路廊经南移建后，屋脊上未饰猫像。

///// 王林义渡，照片来自《黄岩交通志》

王林路廊的传说

///// 王林路廊

王林路廊地处黄邑东北五公里外澄江东岸的王林渡，是王林乡的所在地（现隶属北城街道），管辖五保十三方。因为与镇东乡王林洋和县城隔江相峙，进城须绕道经长塘走浮桥，路程要多二分之一。不知何时开始，王林人与隔江对岸的镇东乡王林洋人建起王林渡，由王林村造渡船、配备船老大，王林、王林洋两村人免费乘坐渡船。

水流湍急时渡船往返一趟要三十分钟左右，为解决过渡的人等渡船歇息的地方，两岸各建造一座路廊。王林路廊叫永乐亭，王林洋路廊叫法云亭。传说渡船在王林、王林洋两岸江面上来回穿梭犹如老鼠奔突，渡头附近的庄稼经常受到侵害，是为不祥之兆，又见泰不华大战方国珍于王林渡江面，伤及两岸无辜民众。

按照风水先生的意思，王林人在永乐亭路廊屋顶塑造二只虎猫，头朝江面，雄视鼠辈，镇慑鼠患，既为善举，又为路廊造型增色添彩。王林洋人看到后，认为这个办法好，也在法云亭路廊屋顶塑造二只狮子，头朝江面，与王林老猫共同维护水面平静，守护百姓安宁。据说，此后数百年间王林渡附近村庄再无匪患、鼠灾。

20世纪90年代江口建闸、澄江王林洋段裁弯取直以后，王林渡口渐被淤塞，加上城市建筑垃圾大量倾倒，江面几乎与地面相平，路廊也因高铁新区建设被拆除，易地重建，但没了二只虎猫。王林洋人的路廊却按原貌重建，二只狮子仍头朝江面屹立在路廊屋上，仍守护一方的平安。

陈子芳

2017 年 9 月 23 日

七里义渡

在七里与孝友乡大树下间，时永宁江宽约80丈，清光绪（1875—1908）年间创设。张友法、李丙人、方俊氏、徐宏光、宋桂春、王益林、徐宝林等经理，有侧田11亩，租谷20石。有渡船二只，每只载重3000斤，人力摆渡。码头用石砌成石级。船夫方兴畴、李元芹二人。每日发谷四升。每遇修船时，均就地筹募。每年收入租谷20石，支出20石。

1955年，黄岩北门澄江大桥建成后，原利涉浮桥构件移置于此，渡废。

///// 七里义渡

岙岸义渡

///// 岙岸义渡

位于孝友乡岙岸与拱中乡罗汇蔡间，俗称“岙岸道头”。昔有丁氏妇死节于此，又名丁家渡。公立。时永宁江宽200多丈。明嘉靖间，里人教谕黄统仁置。清光绪十年（1884）重修。前由范庆山捐田20亩。

后又经村人向各村捐募、公推范竹梅为义务经理，共有连佃 12 亩，则 47 亩，计租谷 70 石。

码头以木桩厚石砌成石级，渡船二只，每只可容 50 人，船夫二人，人力摆渡。每日发给食谷五升 4 合。渡夫支谷二石，三节酒物犒赏，约支谷二石。隔年修船一次，约支 4000 元。

永宁江闸一造，江两岸建游步道，江水澄清，岙岸渡已于 1980 年废，路廊被重建，渡仅剩遗址让人流连。

在 1945 年"六二二"日本军入侵黄岩（第二次）时，城里和各地逃难的人很多，城里塔院头韩福老师头的儿子 30 岁左右，被 12 人追了 20 多里路，过江时淹死。过江时有条坐了三四十人的船，到江心时船翻了，人全部淹死，江面满是死尸，由于天热，不久都膨胀起来，无法辨认。

双楠义渡

位于江岙乡双楠与临古乡后山间。公立，俗称"双楠渡头"。时永宁江宽约 30 丈，清道光间置，经理金舟盛、王彝清、包克俊、郑以斌。有渡船二只，每只载重约 3000 斤，码头用木桩、石板砌成。人力，船夫郑昌茂、符士善 2 人。渡有旱田 4 亩 5 分、盐田 3 亩 5 分、水田 3 亩，由富户捐募。每年租夌 18 石。船夫每年每人谷 9 石。后 1 只渡船毁。

1994 年江淤渡废，改竹桥通行。2003 年开始永宁江裁弯取直，原渡淤积泥土得以清理，并新建水泥大桥于渡东百米处。原渡旁茶亭（终年免费供应茶水）兴神庙亦迁百余米处重建。

双楠义渡碑

尝考邑志所载，有新南渡，在县西二十里，旧名双楠。以此地白湖有双楠木在焉，交枚挺秀，两干扶疏，鼓卧深渊，旱乾可见，其殆有钟毓之意欤，此申是而取名也。渡当南北之冲，北通中岙、店头，南至畲川、温郡，与夫江流一带客子、征人时过于此。当其始也，舟楫之需，俱系舟户自造，轮载觅利。嗣后村人欲更公渡，而蒿目时艰，无如兵燹有年，同心无偶何。兹幸在地有郑亨存、金大坤等踊跃从公，共相捐募造舟，以资往来，置田修理，名曰义田，渡以便行人，诚美举也。

由是特立章程，选择熟悉且勤者，授其事，定仪喜庆事宜及杂项花利，听其自便，不可主格取盈；每年给与甘租式拾肆石，以代其耕；余则作完粮，砌埠等费。至若飓风起而洪涛涌，舟或

284

漂流为人所获，不免有索赎情形，是以在地绅士曾于去秋八月间，亲请□县宪陈公览呈，欣悉准批示立碑，立示晓谕，毋许需索在案。兴利去弊，庶几津涯允济，水陆咸通，已然。犹恐久远废弛，将所置田亩暨乐助姓名，咸请工勒石。余虽固陋，窃喜前后共沐恩光也，於是乎记。

计开田亩首事

连佃田壹亩柒分伍，坐落本处前洋，土名港下洋。连佃田壹亩伍分，坐落本处前洋，土名渡头。连佃田柒分伍，坐落本处前洋，土名前坎头。

以下助钱信士四人

计开乐助姓氏　署理台州右营守府张顺标　署理右营乌岩汛江建标仝助英洋壹拾伍元

保下信士（略）

畲川世袭云骑尉牟同明助银十两

世袭云骑尉牟有道助银肆两，千总牟建帮助银叁两

大清同治玖年（1870）岁次上章敦牂羊壮月望前肆日敬立

碑在头陀双楠兴神庙。

双楠义渡俗称双楠渡头。至公元1994年江淤渡废，改竹桥通行。2003年开始永宁江道裁弯取直，原渡淤积泥土得以清理。并新建水泥大桥于渡东百米处。旁兴神庙亦北迁百米重建。义渡原有茶亭终年免费供应茶水，后废。

小澧汇义渡

///// 小澧汇义渡

　　小澧汇（灰）义渡，又称小澧汇新江渡，公立，在江吞乡小澧汇。时永宁江宽 20 丈。民国三十一年（1942）1 月，设有渡船保管委员会，委员 7 人，县府拨给常年经费 1200 元，余向地方临时筹拨。有渡船 2 条、每条载重 3000 斤，每人每年 1200 元。今渡头遗址成洗衣埠了。

道头

　　位于东江河。东江渡系公立。头陀东江与万全乡仙浦喻间。永宁江宽约 60 丈，创设年代无考。民国三十一年（1942）迁设，经理吕康甫、何老三，连佃田 6 亩租谷 18 石，原设荷洋方与东江间，民国三十一年（1942）戴家汇新江凿成移迁设于仙浦喻与东江间。

　　亢山渡系公立，江峧乡亢山与临古乡北洋间。永宁江宽约 15 丈。清中叶，经理陈志成，田地约 7 亩，租谷 12 石。

雅林渡

///// 雅林渡

　　位于县城西南，委羽山北，东西走向，高洋村与雅林村之间的西江上。旧时设渡曰：雅林渡。民国二十六年（1937）委羽山大有宫道士黄理贯募资建五孔石梁桥。现江西岸雅林路廊仍在。

七里仙浦喻轮渡

///// 七里仙浦喻轮渡

位于新前仙浦喻。

三官堂义渡

///// 三官堂义渡

　　位于临古乡三官堂与江岙乡汇头间。时永宁江宽 60 丈。民国四年（1915），牟崇更经理，渡夫周荷生一人，船 1 只，载重 4000 斤，渡有佃田一亩五分，则田一亩，佃田一亩一分五厘，由各方乐助，租谷四石。全部收入拨作渡夫工资。

　　按：三官堂已重建，规模大超于前，堂旁原有渡与对岸相望，现江道宽剩几尺。古有"早晏三官堂"之说法，意不用慌，从黄岩城出发到西部山区，一路步行，至三官堂时天已晚必定在此歇脚（息）。

三官堂义渡碑记

　　□□□□□□□与元同乡交通之要道，旧募各乡资设义渡舢板一艘，其岁修经常等赀□章卒□所，以垂久远，而□利交通也。虽□□□□□□故常而不经意。民国五年（1916）十月十四日，为元同乡市集之期，天寒潮急，船□人挤，半渡暴风陡起，船覆溺毙者二十五人，□□□□□□。呜呼，惨矣！

　　维地等痛乡□遭此意外之劫，惩前毖后，爰约同志萝行募资添置渡船一艘，馀资则贮为修船经理岁费。□□□□□□□平安。

　　爰将乐善芳名及事之缘起善后，勒诸贞珉，庶后之求者，鉴于前者之玩常，而知所戒也于后。

　　计开茅畲街57人 浦洋5人 茅畲洋17人 西乔15人 大里乔7人 现溪头19人 西岑13人 北山豆6人 山卡17人 南山下2人 水碓1人助田者7人（6亩弱）以作修船之用。

　　　　　首事牟月轩　牟链峰

　　　　　　　牟项闺　牟丈锐

　　　　　　　童慎世　牟恩补

　　　　　　　俞懋倚　牟维地

　　　　　　　牟思补误　何翼卿书

　　中华民国拾肆年（1925）岁在乙丑小春日　穀旦

　　碑在北洋林家桥村，高146厘米，广83厘米，厚5.5厘米（原在后山岭头，后移今塘岸边，作洗衣石用。）额"三官堂义渡碑记"7字横书，"三"字已毁。文4行，行52字，末行44字，每行首缺7字。乐助姓氏等均直书。左下角及右上角缺。

①**江口渡**：公立，西山乡后江口。永宁江宽约1里，清光绪间役田4亩，谷10石，渡船1只，可容30人，行船人力，石砌码头。

②**平安义渡**：公立，拱东乡白石道头与镇东乡白石间，永宁江宽约1里，明中叶金怡董捐船设置，并助田3亩，为善后费。现由拱东乡镇东乡，临海西歧乡合级管理。

③**王林义渡**：公立，拱东乡王林与镇东乡王林洋间，永宁江宽约1里，民国二十年建，每年向地方募谷8石，4000斤，人力，下打木桩，上铺石板，如有洪水、江沙堆积。

④**吞岸义渡**：公立，（即丁家渡）拱中乡罗汇蔡与孝友乡吞岸。永宁江宽约200丈，明嘉靖间设置，清光绪十年重修。

⑤**七里义渡**：公立，拱中乡七里与孝友乡大树下间，永宁江宽约80丈，清光绪年间，则田11亩，租谷20石，渡船二只，每只3000斤，码头石砌成石级。

⑥**七里王渡**：私立，万金乡前洋方，与拱中乡七里王，永宁江宽约80丈，船1只，可载30人，由船夫收取渡资，每人每次5角。

⑦**后洋黄义渡**：公立，万全乡后泽王与拱西乡笃头间，永宁江宽约300丈，田工亩3分地一亩2分，又及租8斗，2人各值一月、租各收入供渡夫工、食不敷时由本保补助。

⑧**东江渡**：公立，头陀乡东江与万全乡仙浦喻间，永宁江宽约60丈，民国三十年（1941）迁设，连佃田6亩，租谷18石，3500斤，1人，石板，谷18石，渡原设萌洋文与东江间，三十一年（1942）间戴家汇新汇凿成后迁设于仙浦喻与东江间。

⑨ **戴家汇新江渡**：公立，万全乡前洋方与仙浦喻间，永宁江宽20余丈。民国三十一年4月（1942）建。县政府每月津贴250元，船夫收渡费每人每渡1角，约月支200元。

⑩ **道头渡**：公立，头陀镇道头街与万全乡东江河间，永宁江宽约60丈，清中叶，佃田5亩，租谷10石，渡船1只，2500斤，石板砌成，1人各10石。

⑪ **古竹下义渡**：头陀桥下街头与临古乡古竹间，民国二年（1913）重建，由林容甫、王彝登2人，出资建造渡船，有佃田7分，佃地5分，则田2亩5分，由地人捐助，租谷3石，又各户捐助谷6石，年糕300斤，天然江坝，该船常年修理，由林容甫、王彝登出资。

⑫ **新界渡**：公立，头陀镇新界与万全乡东江河间，永宁江宽约60丈，清中叶，佃田4亩，租谷14石，船1只，2800斤，砌成石级，1人，谷14石。

⑬ **古竹上义渡**：公立，头陀桥下街头与临古乡古竹间，永宁江宽约60丈，民国八年（1919），每年募谷6石左右，年糕300余斤，天然江坝，2人，每年以当地各户募给食及年糕为渡夫常年工资暨主食。

⑭ **汇头渡**：公立，江岙乡汇头与临古乡古竹间，永宁江宽约25丈，清道光间设，田地约9亩，租谷12石，船1只，每只约3000斤，渡头下打木桩，上盖石板。

⑮ **三官堂义渡**：公立。临古乡三官堂与江岙乡汇头间，永宁江宽约60丈，民国四年（1915），佃田1亩5分，由田1亩，佃里1亩，1分5厘，由各方乐助，船1只，谷4000斤，收入拨作渡夫工资。

⑯ **双楠渡**：公立，江岙乡双楠与临古乡后山间，永宁江宽约30丈，

清道光年间，旱田4亩5分，滥田3亩5分，水田3亩，由殷富捐募，租谷18石，船2只，每只约3000斤，1只已坏，道头用木桩、石板砌成，每年每人受9石，码头渡船塌坏时，所有修理费，由保长向殷富劝募。

⑰ **小澧汇新江渡**：公立、江口乡小澧汇，永宁江宽20丈，民国三十一年（1942）一月，设有渡船保管委员会，委员7人，县府拨给常年经费1200元，余向地方临时筹拨。船2只、每只3000斤，每人每年1200元。

⑱ **兀山渡**：公立，江口乡兀山与临古乡北洋间，永宁江约宽15丈，清中叶，田地约7亩，租谷12石，船2只，每只可容3000斤，埠用木桩石板建成，郑奶哥等2人，每人每年谷6石。

⑲ **称歇汇头林义渡**：公立，江口乡称歇汇头港，永宁江宽约40丈，民国三十一年（1942）建，则田4亩，沙田1亩2分，佃田4亩1分，租谷20石，谷13石，款1000，船1只，44斤，埠用石块砌筑，并用木梯，2人每年每人六石5斗。

⑳ **岩头义渡**：公立，在江口乡岩头潭与潮济镇间，永宁江宽约30丈，清光绪四年（1878）建，则田3亩，佃田5分，连佃田2亩，则地6亩。权谷9石5斗，地税720元，渡夫食受12石，船1只，埠用石块砌成，船工2人，稻受6石。

㉑ **长潭渡**：公立，清江乡长潭菱水与潮济茅坦间，永宁江宽约18丈，民国五年（1916）四月，由热心公益者挨轮管理，佃田4亩，租受7石，币约200元，租谷7旦，币约100元，船1只，载重3000斤，码头石砌，船工1人，每人每日给米1升，工资由渡管尝给。

㉒ **菱湖渡**：私立，潮济镇菱湖与乌岩镇间，永宁江宽约18丈，清

光绪十八年（1892）5月3日，租旻3石，渡客每人每次1角，载重3000斤，埠用小石块砌成，阁西公益路另有渡船1只，专为人力过渡而设。

㉓ **孟桂渡**：私立，下梁乡下蒋与温岭桥头庙间，距金清港约半里，清光绪初年建，每人每次收渡费1元，全年可收入7600元，渡资收入全数拨作渡夫工资及修船之用。船1只，可容七八人。道头用小石板铺砌，1人邮郑孟桂兄弟4人轮值，每份承值5天，周而复始，以渡资拨作渡夫工资。

㉔ **南岸渡**：私立，在金清镇与温岭河洋乡间，已创设50余年（约1894年），每人来往各收渡资国币1元，以收入渡费拨充工资，船1只可载20人，如遇市期每天来往渡客约1000人。

后 记

《黄岩古塔与桥》一书的出版，是继本人编撰的《黄岩金石志》《黄岩金石志（增订本）》《黄岩历代碑拓选》《道教第二洞天资料汇集》等书后，又一本介绍黄岩古迹的史书。

历史是真实的，不能有半点出入与错误。为写好黄岩的历史，凡文物古迹，本人都力争亲眼所见，有时还带旧县志去校对，以免可目睹或查阅贻误后人。为收集紫、皇双塔的史料，2003年，本人趁双塔重修时，多次在天未放亮时，就背着挎包和相机，来到方山双峰时，修理工人也刚上班，有时甚至他们还未上班。笔者在双塔周边发现了许多铭文砖、千佛砖（残），后全部捐赠给黄岩博物馆，为研究双塔历史提供了宝贵的史料。在重修庆善禅寺塔和水口石塔时，不怕危险，攀上塔顶观察。特别发现庆善寺塔顶铁质宝相轮四周铭文，这是所有志书未载的珍贵史料。

在孝友桥、三洞桥、小澧桥重修时，曾到桥拱下、桥梁上察看或拓印上面的铭文，或查看宗谱，证实石刻记载。在了解绍兴桥的始建年代有出入时，不怕天热，桥下垃圾恶臭，去拓印桥栏上的铭文。为考证黄岩津渡，除翻阅有关史料外，平时就注意积累史料。今总算成书，但中间仍有不足之处，敬请各位批评指正。

本书参考了《黄岩县新志》《黄岩县交通志》《路桥文化遗产概览》等史料。感谢黄岩博物馆领导符艺楠、宋梁，区文化研究工程办公室沈雷、陈礼尧、鲍澄文、蔡大年，以及彭美富、施仙德、牟文海、张夏生、杨岳春先生的关心和支持。

编 者

图书在版编目（CIP）数据

黄岩古塔与桥 / 金渭迪编著． -- 上海 ： 文汇出版
社， 2022.1（2024.1重印）
　　ISBN 978-7-5496-3704-1

　　Ⅰ．①黄… Ⅱ．①金… Ⅲ．①古塔－介绍－黄岩区②
古建筑－桥－介绍－黄岩区 Ⅳ．① K928.7

　　中国版本图书馆 CIP 数据核字（2022）第 018640 号

黄岩古塔与桥

编　　者 / 金渭迪
责任编辑 / 乐渭琦
装帧设计 / 台州经纬文化传播有限公司

出 版 人 / 周伯军

出版发行 / 文匯出版社
　　　　　　上海市威海路 755 号
　　　　　　（邮政编码 200041）
经　　销 / 全国新华书店
印刷装订 / 永清县晔盛亚胶印有限公司
版　　次 / 2022 年 1 月第 1 版
印　　次 / 2024 年 1 月第 2 次印刷
开　　本 / 787×1092　1/16
字　　数 / 210 千
印　　张 / 19.5

书　　号 / ISBN 978-7-5496-3704-1
定　　价 / 68.00 元